國立交通大學校長
中央研究院院士
美國工程院院士
——張懋中

同行致遠

$\Sigma \to \infty$

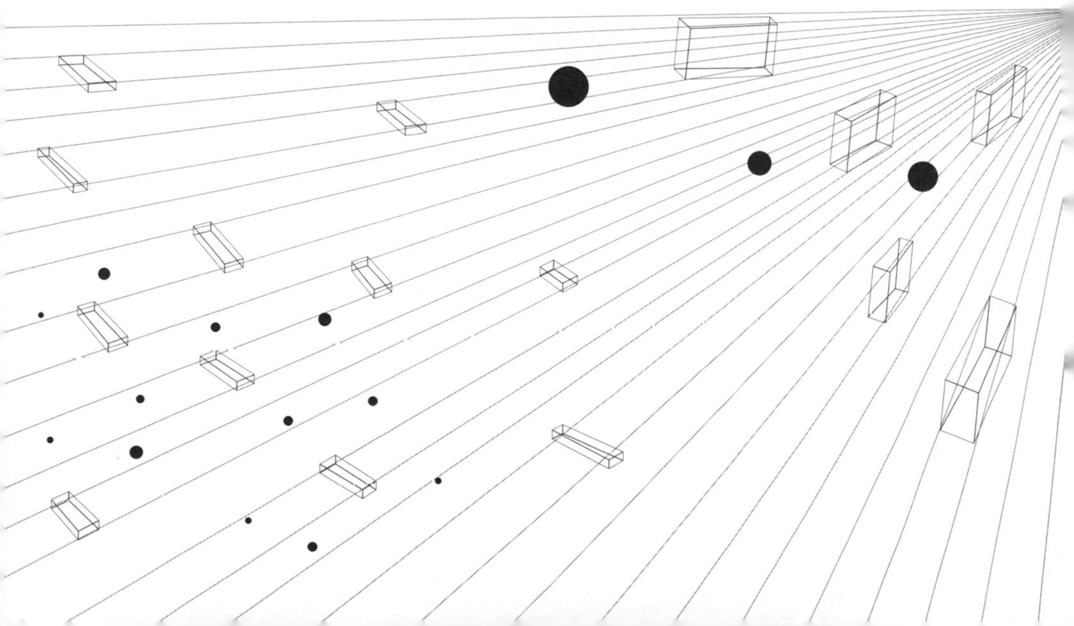

獻此書

給

摯愛的妻子

麗芳女士

她的真誠和鼓勵

是我生活的鏡子和躍昇的動力

〈專文推薦一〉

樂觀進取奮鬥無懈的張懋中同學

盧志遠

我認識張懋中同學應有半世紀了！一九六八年的夏天，在台大校園二號館，我們這群台大物理系七十二級的新鮮人首次有緣相識，如今匆匆五十載就像白駒過隙如飛而逝。

回首五十春秋，由青澀少年充滿憧憬之年，至此應已耳順不踰矩之秋，同學們多已滿有成就或得意含飴弄孫。若以對校友成就足為後輩青年作為典範的台灣大學傑出校友選拔表揚標準而言，本班七十二級台大物理系該算是極為傑出且又幸運的一班，竟有四位同學在歷年入選之列。而就在這四位之中，張懋中同學的經歷與成就可謂最為精彩曲折，簡直是一部傳奇奮鬥經典，非常值得老，中，青三代讀者都作為學習、參考或評鑑。

張懋中校長這本《同行致遠》書中多有詳述其許多勇闖世界學研殿堂的精彩經歷，以及因此所孕育而出之精煉哲學——同行致遠，與何謂「偉大大學」的思想及方向。懋中兄的中英文在多年之歷練已十分精闢，反應敏捷，似乎能言善辯，然而真正在其言行中的真學問，卻是因為他有獨特精深之內涵與智慧、正面積極的人生態度，與豁達開放的堅定信仰，以致於他能務實地去著手實踐而不至於空泛高談而無對策。這本述說他大半部人生經歷及思想之集子，真是不可多得的經驗智慧之談。

懋中兄一路走來可謂又是幸運又是多貴人相助，但畢竟也是歷經千辛萬苦，克服困境方得成就。所謂師父帶進門，修行靠自己。例如書中描述到UCLA的瓦贊（Frank Wazzan）院長的知遇提拔，一句：「What's wrong with Taiwan?」其實道盡了其中的艱辛與困境。在美國大多同事，甚至學生們的固定印象中仍充滿著無數的日常挑戰，豈又僅是一位有伯樂眼光的院長可以完全清理得了的？但懋中兄想必是以實際表現，千百個例證才能證明自己的優秀。然而從另一個角度來看，台灣的高等教育難道沒有問題嗎？當然不是，不然也不需要如今張校長再不停地大聲疾呼「偉大大學」的新思潮了！

若以統計平均的概念來看，一般教育產出而言，我們當年以及如今的高等教育是有問題的，雖然也曾有其獨特的優秀傳承及傳統，但確是大有改善的空間，有待進步之處甚多。張懋中縱使在不完美的教育中走過，但是他是和氏之璧玉、袋中的鋒芒，而不是當年教育的平均產物。好在有識人之明的瓦贊院長慧眼識英雄，但也是因我們懋中兄在洛克威爾科學中心已是才氣橫溢的一位產業界精英經理人。在洛克威爾又是另有貴人相助加上他自己努力所闖出的一片天。為什麼他總會遇上那麼多貴人呢？其實也是因為有了正面能量的良好態度與心境，自然就會吸引貴人的眼光與伸手相助。物以類聚，紫氣相隨。天助自助者。

懋中兄的故事中也多有上帝曾「無情地對他關上了一扇窗，但又導引為其開啟了另一個門」。人生道路，不要太執著，且順著天意行，只要樂觀進取，敬業樂群，永不灰心喪志地往前行，就能有獎賞的冠冕等著去再發揮、再奮進。

非常興奮能見到懋中兄有這本勵志的好書面世，讀者有福，真樂以為序。

（本文作者為旺宏電子總經理、欣銓科技董事長）

〈專文推薦二〉

造福人類、熱忱教育、貢獻國家

梁次震

非常高興知道懋中兄出書，跟大家分享他的學習與成長的歷程、工作和做事的理念、對教育的熱忱和抱負。

懋中兄從小成長在淳樸的竹山鎮，高中念台中一中；他聰明而理解力強，觀察力更是敏銳，以第一志願考取台大物理系，當時我們大家深感困難的科目，在他的專注下，問題都迎刃而解，並且還有餘暇汲取大量的其他知識。大學畢業後，體認到當年科技的走勢，毅然決定繼續在國內求學，取得清華大學的材料科學碩士和交通大學的電子工程博士，成為橫跨台清交的校友；因為他的卓見，將物理、材料、電子融會貫通，讓他以後研究砷化鎵電晶體並獲致巨大成就。

懋中兄二十多年前領導研發砷化鎵晶體功率放大器，使用該零件製成的手機，迄今在全球的銷售已超過五百億台，對無線通訊產業及學術界帶來劃時代的貢獻，因此榮膺國際電機電子工程學會（IEEE）會士、美國國家工程學院院士、美國國家發明家學院院士、英國工程與科技學會頒發J. J. Thomson獎章和中央研究院院士等殊榮，在國際上具有崇高的學術聲望。

懋中兄在洛克威爾科學中心工作和參與砷化鎵電晶體研究是一個偶然；其實機緣總是突然來臨，但若無之前的長期努力，機會很容易錯失。之後他花上十五年時間，發揮在台大的鐵血實驗精神，埋頭研究，弄清楚它的原理，發表百篇論文，把一個現象變成實用的產品，靠的便是他鍥而不捨、追求完美的個性。

在研發的過程當中，他深深體會要做好一件事，最有效的方法是結合有相同想法的夥伴，一起努力，也因此建立了他「同行致遠」的人生觀。俟後他轉至教育界，為的是培育更多優秀的專家，為全人類開發更多更好的產品。他以一個台灣國產博士，任教洛杉磯加州大學電機系，甚至擔任系主任，如果沒有過人的才能，是沒辦法做得到的！

去國三十餘年，他時刻期盼能夠貢獻所學給生於斯、長於斯的台灣。兩年多前被選上交通大學校長，他立刻放棄了在美國的高薪工作，回台灣服務，作育英才！

懋中兄一路走來，真是多姿多彩；廣泛學習、融會貫通、培養識見、研判輕重、掌握機會、全力投入、造福人類、熱忱教育、貢獻國家、實至名歸，此張懋中校長之謂，也正是我們努力的方向。

（本文作者為廣達電腦副董事長兼總經理）

〈專文推薦三〉

引領台灣走向世界

何飛鵬

在一個偶然的座談會場合，我與交通大學校長張懋中同台，在聽了他以一個台灣博士，闖蕩美國三十六年的經驗，最後再回到台灣，期待為台灣打造偉大的大學，他的一腔熱血，讓我也不免熱血沸騰起來，我已很久沒有這樣的激情了。我理所當然地向張校長提出邀請，要不要寫一本書，把這些理念說出來，讓全台灣人一起朝這個方向前進。

這就是這本書的由來，我們曾專程到新竹交大拜訪張校長，仔細討論要寫哪些內容，要用什麼概念做為全書的主軸，最後張校長決定：與台灣一起同行，與台灣一起致遠。

同行要從張校長在台灣的故事講起：擁有大學學風的台中一中不能缺席，張校長在台中一中歷經了學生串連的陳情抗議，多虧了當時校長的包容而平安度過。

接著就是張校長在台灣的名校巡禮歷程，從大學到研究所到博士班，張校長歷經了台大物理系、清大材料所，到交大電子博士，這三所台灣最知名的學府，分別給了張校長不同的養分，也給了他闖蕩全世界企業界、實驗室和知名學府應具備的學識與能力。

原本張校長只想短暫地出去看看，沒想到這一去就是三十六年，其中十八年在產業界實驗室做研究，之後的十八年回到知名學府UCLA任教。張校長在洛克威爾科學中心的十五年研究期間，著力在砷化鎵的新複合材料研究，開啟了行動通訊半導體的應用，也推動了手機的發展，使他成為業界的知名人物。

可是儘管如此，張校長在轉任教授的過程中，仍然因為他並非美國名校畢業生，而迭起波折，直到ＵＣＬＡ邀請他前去任教，完全不在乎他只是台灣的「土博士」，才成功開啟了台灣博士任教世界頂尖大學的先例，張校長用知識及能力，驗證了台灣教育的水準。

張校長自承會在花甲之年回台灣，是因為「欠台灣」，因為他把人生精華的三十六年給了美國，要把接下來的歲月和台灣一起同行致遠。

張校長回到交通大學，首先提出要放下一流大學的思維，而去追求偉大大學（Great University）。偉大大學是以人為主體，要能夠辨識人才、挑戰人才，並且預備人才，使學生成為未來世界的先驅與領導者。

張校長的偉大大學的想法，在交大要一點一滴做起，從教育學生家長放棄把學生當「小孩子」看待的觀念，到推動把辦大學信託化的想法，所有的這些事，在台灣都要有化不可能為可能的決心。我們期待張校長的努力，能從改變交大開始，進而改變台灣的大學教育，最後能引領台灣，走向世界。

（本文作者為城邦媒體集團首席執行長）

目錄

第5章 校長給問嗎？　233

——與張懋中校長的Q&A時間

〈作者序〉
同行致遠，以台灣為榮

我主張教育「學問」更重於「學答」，所以開始策劃新書《同行致遠》之前，我先問自己一個問題：「為什麼要寫這本書？」

這個答案在我的歷程中。

我是一個出生台中市、在南投竹山鎮長大的鄉下子弟，有幸跨領域讀過台大物理系、清大材料所、交大電子所的MIT——Made in Taiwan國產電子學博士。之後到美國任博士後研究員，以「開眼界」或者說是「鍍金」，卻意外轉往美國航太及電子工業界貢獻了十八年的青春，到了一九九七年，洛杉磯加州大學（UCLA）延攬我為終身正教授，在它美麗的校園裡，又展開十八年的教學生涯，前後育成了五十五位洋博士。兩年多前我回到台灣，擔任國立交通大學的校長。

猶記當UCLA工學院院長法蘭克．瓦贊教授（Prof. Frank Wazzan）首次來電，詢問我是否有興趣到洛杉磯加大任教？拿著話筒，一件往事閃過我的腦海，約莫在業界工作十年左右，某常春藤名校有意聘請我，得知我的台灣博士學歷後卻躊躇起來。當時常春藤盟校中還沒有聘請過任何一位台灣教育出來的博士，那時的延攬便不了了之了。於是這次我劈頭對瓦贊院長說：「我是受台灣教育的博士！」以為如此就不必再囉嗦，他還有什麼考慮就請直說。

話筒那端沉吟一秒，傳來一個問句：「What's wrong with Taiwan?」台灣有錯嗎？讓我瞬間語塞，半晌才吐出一句：「I guess nothing wrong with Taiwan!」台灣沒有錯，我們不應該妄自菲薄。但當我回國擔任交大校長後，就我所見的美國與台灣的教育，的確在觀念與制度上有相當大的歧異。在台灣動輒聽言「這個我們做不出來」，比起在美國只要有規劃、有決心，便有一股沒有事情做不出來的自信。相較之下，台灣還真的有些問題！

台灣產官學研各界都擔憂年輕人的競爭力，想橫向移植先進國家的教育制度，卻沒有扭轉基本的教育理念與方法。台灣的教育長期「只學答，不學問」，把學生塑造成考試機器，不訓練定義與架構問題的能力，也不去討論高等教育的本質和精神，於是改革流於皮毛，不得要領。

改變觀念，才能夠找出正確的做法。我認為現代的研究型大學校長，必須是一個有遠見、有執行力的CEO，但深刻了解他最重要的「產品」是學生。大學要能孕育出下一代文明和學術的先驅者、領導者。大學從始到終（或由A到Z）都只是「人」。與其算計一切只為追逐相對價值、做排行榜競賽、爭論誰為「一流大學」，我心目中有一個只追求絕對價值的「偉大大學」。

在邁向偉大大學時，ACT（行動力）不可或缺。我對ACT賦予三層意義，A是主動式教育（Active Education and Active Placement），由教學方法出發，主動式教育著重學生與教授的互動式身教，以引導討論為核心的教育方法。C是跨領域（Cross-Disciplinary Research），科系與人才的跨界合作，提升團隊的研究能量。除了這些個人與團隊的努力外，T則是推動大學的組織和經營信託化（Trustees for Institution and Endowment），讓高等教育的經營更靈活、更有效。這是一套「同行致遠」的革新做法。

台灣的確面臨許多難題，但不要將挑戰視為壞事，沒有挑戰就很難有真正的創新和創意。我很喜歡一句非洲古諺：「If you want to go fast, go alone. If you want to go far, go together!」（想要走得快，自己走；想要走的遠，大家一起走！）交大的校訓是「飲水思源」，如果我們不忘縱向的歷史傳承，加上橫向「同行致遠」的合作精神，一定能讓台灣邁出雄健前進的腳步！

過去，我的恩師、台大物理系教授鄭伯昆老師設定了諾貝爾級的實驗題目，讓大學生自己動手打造實驗系統來做極端挑戰的實驗，並配以嚴格的身教作為學生的榜樣。現在已經高齡八十幾的鄭老師，總是對我們這群老學生說：「老師以你們為榮。」

大學生應是能頂天立地、能發明未來的青年人。我以自己的際遇與經驗來為台灣的年輕人們鋪路，盼望你們能夠青出於藍。相信有一天，我也能和鄭老師一樣，對交大學生乃至所有台灣的年輕人說：「我以你們為榮！」

第1章

我是 made in Taiwan

1-1 南投竹山悠閒童年

我有一個很「悠閒」的童年，現在回想起來，這是我生命中擁有最幸運的禮物。

第一個童年的禮物：很悠閒

四歲時，父親為了讓母親調養身體，我們舉家從台中市區搬到南投縣的竹山鎮。平常的日子裡，父親在學校教書，母親打理家務，我則是除了正常上課外，充分地利用自己的時間。當時，父母親擔心不到六歲的我，整天無所事事，就與離家不遠的雲林國民小學黃至善校長商量，讓我借讀一年級試試看。沒想到我就這樣一直讀下來，和較我大一到兩歲的學齡兒童，成為班上最小的同窗。

童年很閒，主要是因為沒有所謂的補習文化，作息時間固定，下午四點半以後，就可以完全支配自己的時間。

我的運動神經不佳，但小學就會騎鄉下最方便的交通工具「腳踏車」，課餘最棒的事就是小朋友們一起騎車在鄉間踏青，其樂融融。此外，我最喜歡的休閒活動是閱讀和看電影。這兩件事對我的影響很深。

由於當時無所謂「課綱」，學校的閱讀課程很容易滿足，只要是到處能找得到的書報、雜誌，我是無所不讀，因此很小就閱讀大量的中外古典小說，包括《三國演義》、《西遊記》、《封神榜》、《戰爭與和平》、《老人與海》、《戰地鐘聲》……。我也喜歡讀武俠小說，如上官鼎的《劍毒梅香》、臥龍生的《玉釵盟》，甚至更早期的《江湖奇俠傳》（後改編拍成電影《火燒紅蓮寺》），但更令我著迷的則是諸子哲學、中國哲學史等等。此外，也機緣巧合讀到當時的禁書，譬如《青年軍遠征緬甸》，有關孫立人將軍所帶領的軍隊在騰衝和密支那，靠著少數兵力以寡擊眾，大敗日軍，令人振奮。這樣的資訊只有在鄉間才能存在，沒被沒收。

雜誌則常閱覽美國新聞處發行免費的《今日世界》和有關航空高科技的，譬如《中國空軍》介紹世界各國包括美、蘇、瑞典、英、德、義的各式戰鬥機，都使我著迷。

除了常和同學們一起去看布袋戲和聽收音機中廣的廣播劇，例如郭良蕙《遙遠的路》，我最愛的是看電影，從本土閩南語的《田莊兄弟》、《嫁妝一牛車》，到看得最多美國和日本的電影，尤其是場面浩大的製作，例如好萊塢的《氣壯山河》、《六壯士》、《鐵十字勳章》，和東寶的《明治天皇與日俄戰爭》、《宮本武藏》……，使我對東西洋的文化、語言、人文、共產與法西斯軍國主義思想，在童年時期就有初步的認識和興趣。

這些由書報和電影所得來的複雜知識，有時也被我整理出一些道理來：

小學五年級時，父親帶我到台中去配近視眼鏡，經過中正路的東海電影院時，巨大的《戰地鐘聲》電影看板吸引了我的注意——

這讓我忍不住問父親：「為什麼《戰地鐘聲》可以在台灣的電影院上映？」

「啊？」爸爸被我問糊塗了：「你在說什麼？」

鼓勵表達與自主思考的家風

記得在小學四年級時曾經閱讀過海明威的小說《戰地鐘聲》，它的創作背景要回溯到一九三九年春天，佛朗哥將軍（Francisco Franco）成為西班牙內戰的勝利者。他站在反對蘇聯共產黨的立場，一直與美國保持友好的關係，即使他也因獨裁與軍權治國被歐洲其他國家孤立，佛朗哥仍能維持權力不墜，一直到一九七五年逝世，繼任者宣布改為民主體制為止。佛朗哥終其一生堅決反共，因此也是台灣的堅定盟友。而在他掌權的時候，曾迫使海明威離開西班牙，法西斯主義與戰爭的陰影，讓海明威創作出《戰地鐘聲》這本文學名著。

此書以美國人參加西班牙人民反法西斯戰爭為題材，描寫一位美國青年在大學裡教授西班牙語，進而對西班牙衍生出深切的感情，於是志願參加西班牙左翼反抗軍「人民陣線」，前往敵後進行炸橋的爆破任務。在戰火中，他歷經愛情與職責的衝突和生與死的考驗，在完成任務撤退時，卻被子彈打傷了大腿，因此獨自留下來阻擊敵人斷後，最終犧牲了年輕的生命。

「《戰地鐘聲》講的是西班牙內戰，人民陣線起身對抗佛朗哥政權的故事。」我把小說情節與現實中的政治脈絡做了對照：「我們最堅定的反共盟友，不就是佛朗哥將軍嗎？」

「海明威寫《戰地鐘聲》，支持共產黨的人民陣線，是蘇聯的一邊耶！」

我做出總結：「我們的政府怎麼會讓支持共產黨的電影公然放映呢？」

這番推理把父親驚得啞口無言，考量當年的政治氛圍，他急忙叫我不提此事。事實上，我的父母從小鼓勵我們有機會就要表達自己。我在國小和初中時，經常參加演講比賽，經過師長潤飾的演講稿，由小孩子的嘴巴背誦出來，不免老氣橫秋，聽起來有點肉麻，不過，這讓我從小累積公開演講的經驗，對於日後的表達能力有很大的助益。

研究需要下真功夫，但要獲得其他人的認同，必須把研究成果用清楚、簡單的語言呈現出來，並讓眾人相信與你一起做研究會有開闊的前景。

我很感謝父母不會說：「小孩懂什麼？」而是鼓勵我勇於表達。直到今天我教導學生時，也非常注重表達能力。我要求學生講話不能拖泥帶水，必須一語中的（hit the point），無論參加任何研討會或發表會，必須預演以達完美的標準。

第二個童年的禮物：自主

除了時間之外，童年給我第二個珍貴的禮物就是「自主」。因為自己的時間很多，所以在閱讀和看電影之餘，還有足夠的時間「思考」。因為真的「夠閒」，思考逐漸內化成我的習慣。我避免強記或死背事物，而是嘗試透過思考、理解後，再將想通的道理納入我的思考系統中。

五歲半入讀小學，我還記得第一次考試，我考了個極其平庸的七十五分，拿考卷回家獻寶。正在和隔壁梁媽媽聊天的母親，望著我人生的第一個分數，笑著對我說：「很不錯啊。」這是我父母的智慧之處，他們從沒有給我太大的壓力，也不曾要求我考幾分、拿第幾名。這對我的求學過程，有著很微妙卻深遠的影響——我後來的所有學習、工作，完全出於最單純的「興趣」，和追求分數名次、應付考試沒有關係。

我的父母給我很珍貴的「自主」，這讓我可以很單純地面對自己的想法，獨立做出決定與選擇。每天有大把的時間，任由自己支配，在沒有大人逼迫、沒有壓力的情形下，我自己找書來看、自己問問題給自己思考，也感受到閱讀和學習無窮的樂趣。

從自主中培養出興趣

青少年時期，是一個人心智與思考體系形成的黃金階段。如果我們的教育方式，剝奪了學生寶貴的空閒時間，澆熄了他們對學習的動機與興趣，阻撓孩子「自我探索」、「自我發展」的機會，甚至用大量重複性的練習，來訓練學生「不經思考就能答題」的技巧，那我們的教育方式，不但沒有建設性，簡直還在每個關鍵處大開倒車。

不乏父母對孩子有極高的期許，安排了各種學習或才藝來塞滿行事曆，卻占據了孩子全部的時間和自主空間。而近年來，台灣的家長開始反思「不要讓孩子輸在起跑點」的教育，到底是提前激發小孩的潛力，還是把小孩教成庸才？各派教養學說和親子專家的建議莫衷一是，弄得許多父母焦慮又沮喪。

如果問我該怎麼做比較好，我會以自己童年的經驗建議父母與學校，給孩子多一點空間去管理自己的時間！教育和繪畫一樣，「留白」是為了讓每一個兒童和青少年能發展自我。

1-2 有大學風範的台中一中

我上竹山初中後，竹山高中才剛成立，還沒建立起辦學口碑，父母希望我能到教育資源比較豐沛的台中念高中，這讓我有幸進入這樣一所有大學風範的台中一中學習。

還記得一九六五年的盛夏，初中導師王俊育先生帶著我們一行二十幾位同學，去台中市參加高中聯考，二十幾人擠在「新高大旅社」的房間內，汗流浹背地進出考場。一個月後放榜，我急著想知道考試結果，便和最要好的國小同學林憲珍一同騎著他家的本田機車，風塵僕僕趕路兩個多小時，終於抵達台中一中。很快在榜單上找到我的名字，因為我的考試成績排名十三。接下來又是一番行車勞頓，返回南投竹山的家時已經是傍晚了。家人聽到我們兩人騎機車不知上哪去，焦急地到處尋人，直到看見我們平安歸返又傳來金榜題名的捷報，才鬆了一口氣。

我那個年代的台中一中，由第三任校長黃金鰲先生執掌校務。黃校長在國民政府來台前，在中國大陸取得國立北平師範大學教育研究所的碩士學位，後來又擔任北師大的訓導長，他與當時的中研院院長胡適先生搭乘最後一班飛機，由北平撤退來台，並奉派擔任台中師範校長。他在一九五〇年調任至台中一中，以黃校長的學術地位，被指派來帶領一群高中生，真可以說是「屈就」了。

在高中校園感受大學的自由風氣

台中一中校史記載黃金鰲校長「倡導學生自由研讀風氣」，我印象中的黃校長，不分寒暑都西裝筆挺，皮鞋雪亮，走路沙沙有聲，而他確實把我們當成大學生在教導，讓我這個鄉下小孩眼界大開。

從前流行能力分班，但黃校長不興這套，聯考第一名到一班座號一號、第十三名到十三班座號一號，依照班級序號排完座號一號之後，再從頭排二號下去，依此類推，常態分班。當年不少升學導向的高中大小考不斷，甚至週週都有模擬考，而台中一中一學期只有期中考、期末考兩次大考。

除此之外，沒人管我們的出缺勤，高中校門前像市場一樣熱鬧。每一節上課下課，有人走進校門，有人走出校門，上兩節課覺得老師沒有傳授新知、自己念課本也無妨，一掛高中生們就「用腳投票」，收拾書包回家了；相反地，如果老師上課生動有趣，教室內便擠滿學生，甚至隔壁班的同學也聞風而來。黃校長查堂時沙沙的走路聲隔牆可聞，但校長從來不過問課堂內教學如何，給師生自由揮灑的空間。

我的同班同學趙少康幫黃金鰲校長取了個「金龜」的綽號，用閩南語發音。聽說當時有些學校規定講閩南語要罰錢，這種規定在竹山或台中是無效的。我的父母是外省籍，但我在南投竹山講閩南語長大，一直講到高中。當年台灣中部鄉下有很多日本女性留民嫁給台灣人，她們講得一口非常優雅的日語，我很後悔當時沒有跟她們學日語，因為多學一種語言，就會多一種文化的思考模式，讓人變得更豐富多元。

不平則鳴的中一中青年

記得當時我們班認為英文老師教學無趣，於是與同班同學趙少康、吳清治、張曉中、劉株瑜等人串連，一起去向黃金鰲校長「陳情」，要求他更換英語老師。當年正處戒嚴時期，社會、政治風氣保守，結夥進行抗爭有極高的風險，我們此舉真是膽大包天！

黃金鰲校長叫我們在他辦公桌前一字排開，他聽完我們的話，一字一句堅定地說：「我是校長，老師是我所聘，我負全責，同學們如有不滿之處，可另謀高就！」我們一行人只好無功而返。多年之後我擔任大學教授、系主任，出任交通大學校長，回想起這段過往，自然明白一所學校辦學有多方考量，一名教師在教學方面總有優劣之處，而當時校長沒有懲處我們，只是表明立場後要我們離開，真的是學者大度！

總體而言，台中一中的師資幾乎都是當年一時之選，數學老師林阿敏、廖天才惠我良多，化學老師蔡基安、歷史老師齊志平生動有趣的教學方法，令我至今難忘！齊志平老師最擅長中國先秦史，他精闢的史觀和史識，讓讀史成為我的終身興趣，至今不滅。

那些年，我活躍優秀的同窗們

除了老師，同學們的互動也讓我回味再三。當年我們班在趙少康與其他幾位同學的號召下，成立了五部混聲的合唱團，還去參加台中市高中組合唱比賽，結果得到了第二名，輸給第一名的台中女中。我們這群心高氣傲的高中男生自然不服氣，認為評審不公，整隊前往台中市政府遞交抗議書，而在戒嚴的年代，這樣「聚眾抗爭」竟然平安無事，可見許多前輩長官默默守護著台中一中的學生，包容我們的青春躁動。

在台中一中的三年，我從南投竹山搬到學校附近租屋，與國小同學林憲珍共租民居一房，住在同一棟民居的優秀學長們，還有現在是世界前三百大富豪、全球最大衛星定位系統GARMIN的創辦人高民環，以及普林斯頓大學（Princeton University）教授貢三元、韋恩州立大學（Wayne State University）教授林瑞陽等人，真的是「濟濟多士」！

我在台中一中度過三年充實的高中生活，並在一九六八年順利考取第一志願台大物理系。現在台中一中的校舍已經全非我年輕時的印象，而飲水思源，我希望對母校有所回饋，除了在台中一中設立與交通大學聯名的科學班，也舉辦各種寒暑假營隊，為未來的國家棟樑開一扇求知的門。

回想起來，南投竹山當年可說是地靈人傑，除了高民環、前交大校長張俊彥、前交大工學院院長劉增豐……，他們全部都是竹山人。

想想不可思議，騎著本田機車到台中市要兩小時的偏遠鄉下，能夠孕育出這麼多人才！相較現在的竹山，有時候我們一掛老同學話起當年來，都不禁感嘆，台灣的偏鄉教育為什麼今不如昔？

1-3 台大物理系的「鐵血」實驗教育

在我還沒接任交大校長前，網際網路上關於我的中文資料和訪談並不多，有一次回台灣與老朋友聚會時，朋友忽然提議玩一個小遊戲：「在 Google 上輸入你的名字，瞧瞧會搜尋到什麼？」

我心想自己沒有八卦，沒什麼好怕的，一查之下，竟然看到我念台大物理系時寫的實驗報告。

保送台大電機系沒門，考取台大物理系

一九六八年我在台中一中準備升大學，本來以為成績足以保送台大電機

系，但是到那年四月突然接到學校通知，過去保送的過程發生一些弊端，因此全面取消保送制度，大家只能摸摸鼻子去參加聯考。

如果時空轉移到今天，不僅學生會抗議、家長要上街頭，媒體與政論節目也將全天候討論升學舞弊問題，也許還要類比南韓前總統朴槿惠，她不就是因為替親信的兒女向名校關說入學，被接連踢爆她對商界施壓索賄，而遭到南韓國會彈劾並被罷免嗎？

但是當年台灣還在戒嚴，學生們唯有默默接受升學制度忽然改變的事實。我四月份開始準備考試，到七月參加大學聯招，考取了第一志願——台大物理系。

當年台大物理系課開得不多，也許是師資不夠充裕，但這讓我們每一堂課都學得很深入。相較之下，我總覺得現在的大學生要修的課太多了，平均每個科目花的時間相對減少。

回台灣接任交大校長後，發現許多大學生不念教科書，只讀教師上課的投影片，只讀考試範圍內「好消化」的教材。如果教授不將投影片準備好，在期末課程評鑑時就會收到排山倒海的抱怨，甚至有學生質疑老師「到底有沒有按照課綱教學？」「是不是考了超過範圍的題目？」為了讓學生修完大量學分，令教授不得不採取「速效」的教學方式，最後卻侷限了學生的思維，是非常可惜的。

以前我們修課不多，但是每一個科目都很難。大二時上古典動力學，一個學期只教了四章，教科書是英文的《*Classical Mechanics by Goldstein*》，讀起來有如天書，我們取作者姓氏的諧音就叫它「狗屎蛋」。一開始我當然讀不懂「狗屎蛋」，但一遍一遍地研讀、與同學一起開讀書會討論，最後竟然也能大致了解，這份苦工下得很值得，因為以後再也沒有時間去讀通這樣一本天書。

我認為一間偉大的大學，老師們要給學生更高的目標和挑戰，這也是為什麼我與老同學們話當年，最津津樂道的就是近代物理實驗課鄭伯昆教授的

「鐵血」要求。

物理實驗課的難題

鄭伯昆教授的近代物理學實驗課程為期一年，我們的實驗器材和設備都要自己動手製作，花一個學期的時間完成。我們先用鋁片打造一個平台，然後在上面焊接線路、真空管，敲敲打打做出一個閃爍計數器。計數器前沿則是偵測放射能量的蓋革計數器（Geiger counter），我們把計數器設計成二進位的霓虹燈組，只要霓虹燈一閃，就可以知道元素的放射能是多少。

幾個月下來我們忙得沒日沒夜，寒假也沒辦法回家，全都在製作檢測設備。而鄭伯昆老師在驗收的時候，竟然拿出榔頭來敲我們的真空管電路平台！原本偵測的在電波顯示器上的信號有模有樣，結果被榔頭一敲就全不見了，老師用閩南語說：「黑白來，沒東西還拿來騙。」宣告功能測試不及格，要我們回去重做。

幾個月的心血就這麼付諸東流，我們都恨得牙癢癢地，一位同組的同學還說：「老鄭再拿槌子敲，我就拿布袋從他後面蒙下去啦！」話雖如此，我們還是把閃爍計數器強化到老師怎麼敲都可以正常運作。

到了下學期，鄭伯昆老師發給我們這一組同學七個瓶子，放了不同粉末，告訴我們這是元素週期表中的七種過渡元素，要我們用上學期自己建構的偵測裝置，來檢查幾種物理特性，推敲出這七個元素是什麼。

博士班難度的實驗課

當年鄭伯昆老師給我們做實驗的 X 光機處處漏氣，一找到漏氣的位置，就要到金工室重新焊接。有一天我做實驗到午夜，學校技工都下班了，把冷卻用的液態氮機房鎖了起來，但我的實驗才進行到一半！沒有冷卻劑不行，於是我將食鹽和冰塊混合，心想這樣冰點會降到攝氏零度以下，應該足夠冷卻，沒想到還是不夠冷，實驗裝置中的擴散幫浦（Diffusion Pump）蒸發油燒了起來，把整個幫浦的內壁都燻黑了！

我的實驗不但沒完成，還毀了實驗設備，心想鄭伯昆老師絕對不會原諒我，台大物理系大概也不用畢業了，第二天抱著「華盛頓砍倒櫻桃樹」做錯事先承認的心情，去向老師報告。老師一言不發地聽完，回到辦公室拿出手套跟細磨砂布，叫我們這組人去把擴散幫浦拆開，擦乾淨再重新組裝回去。

組員們都一臉「看你做的好事，害大家要一起跟你受罪」的表情，但這也讓我們把擴散幫浦從裡到外摸透透，至今我都清清楚楚記得那台裝置的每個細節，要我重組那台裝置都沒問題。

而在實驗階段中，我們起先一直找不到有效測量那七種元素的 X 光吸收係數的辦法，在宿舍同寢室化學系學長的提點下，我們改善了一些技巧，終於抓到實驗數據。同班同學、現任旺宏電子總經理的盧志遠拉著我去圖書館查資料，總算找到這七個過渡性元素了！

我趕著寫實驗報告，中間出了個小錯，重寫大概要花半個鐘頭，但我的女朋友、也就是現在的太太高麗芳正在台大公館的東南亞戲院等我一起看電影，我只得草草把實驗報告的錯處用筆劃去，然後趕快交出去。鄭伯昆老師拿到報告以後，看了一眼就收到抽屜裡，我心裡很納悶，這樣子到底是通過了還是沒過？無論如何和女朋友約會似乎更重要，我就匆匆忙忙趕場去了。

在我畢業二十年後，有一次回台大演講時，巧遇當年擔任助教的詹國禎教授。我提起鄭伯昆老師把我的實驗報告收進抽屜裡面的往事，詹老師告訴我：「你是我擔任近代物理實驗助教幾年中，唯三沒有被鄭老師好好修理過的學生。」——「鄭老師通常都把學生的實驗報告從物理館二樓窗戶丟出去！」

如果當時二十幾歲的我，能未卜先知這篇實驗報告會被鄭伯昆老師掃描放在網路上，給學弟妹參考，甚至讓六十幾歲的我 Google 到，而且在二〇一七年初，這些由鄭老師與門生嘔心瀝血打造的實驗儀器與報告手稿，以「我們的自造時代」為主題集結起來，在國立台灣科學教育館進行公開展示，我一定會多花半小時，重寫那個錯誤的一頁。

給遠遠超過大學程度的實驗目標，什麼儀器設備都要學生自己親力親為，還把學生的報告丟出窗外，老師可以這麼鐵血又嚴苛嗎？我們只是大學生，不是博士生，但是鄭伯昆老師把我們當博士生訓練，讓我們提早體驗博士級的挑戰。

昔日的「鐵血」鄭伯昆老師，他的教育方式今日可能會引起議論，但他以身教向我示範了「以挑戰激發學生潛能」的教育方法，當年的怨言已經變成滿腔的感謝。逐步修正錯誤的實驗過程雖然艱辛，卻也讓我們奠下扎實的基礎，並在突破困難時，得到極大的喜悅與回饋——原來，我是能做物理實驗的！

1-4 跨界清交，從本土創造普世價值

在「來來來，來台大；去去去，去美國」的時代氛圍中，我從台大物理系畢業之後，並沒有和同學朋友們一樣出國念書，而是到了清華大學修材料碩士，然後再去交通大學研讀電子工學博士，多數親友們都認為我走錯了路。

為什麼會做這樣的選擇？回想我畢業前夕的一九七〇年代，物理學領域開始走下坡，有學長先出國留學，回台後斷言物理已經玩完了，未來的時代將是材料科學（material science）當道。

面對這麼大的衝擊，在從台大物理系畢業前，我偕同現在是鈺創科技董事長的盧超群（我大四時當過他們班的普通物理學助教，而他的哥哥、旺宏電子總經理盧志遠是我的同班同學）去向當時在交大擔任講座教授的施敏請

益。

施敏教授所著的《半導體元件物理學》（*Physics of Semiconductor Devices*）被譽為「半導體界的聖經」，也是目前全世界半導體領域最暢銷的教科書之一。一九六九年推出第一版，到了二〇〇六年再版第二次，共被翻譯成六種語言，銷售超過一百萬冊，被引用次數高達兩萬多次。施敏教授除了研究之外，也創立了台灣第一間半導體公司環宇電子，讓我看到物理學在半導體應用的可能性。

從物理到材料，再通往電子學

向施老師請教後，我決定往新的學術領域拓展，便沒申請出國，而是選擇到清華大學念材料，這讓我眼界大開，尤其是念到固體的熱力學（Solid State Thermo-dynamics），可謂是材料科學的精髓所在。

直到快畢業的某一天，我在清大材料系館晃著晃著，遇到材料所的陳茂傑教授，他和我談起要去交大教書，猶記他問我說：「那你呢？」我沒聽出弦外之音，還在納悶著：「陳老師為什麼問我呢？他要到交大去教書，交大不就是隔壁那間從前門就能看到後門的學校嗎？」接下來陳茂傑鼓勵我，既然我對半導體領域有很高的熱情，也有材料科學和物理的底子，應該去交大電子所攻讀博士學位。

其實陳茂傑教授告知我交大電子所博士班招生資訊的當下，距離入學筆試只剩兩個星期，時間非常匆促。會想要姑且試試看，一部分原因是我女朋友的家庭，她的父親出身福建建甌世家，未來的丈人曾告訴我：「建甌人理想的女婿，是上海交大電機系的畢業生。」所以我對交大電子也頗為嚮往，加上陳茂傑教授的激勵，我就去報考了。

交大電子所博士班的考試非常別出心裁，特別是口試階段，教授問一個問題，應試生就在黑板上做答。我一走進考場，裡面坐著二十幾位教授，真是不得了的陣仗，正中央聲音最宏亮的是祁甡教授，當時工學院郭南宏院長也在場。後來放榜，我竟然考上榜首。

我還記得當年的榜眼是溫清章，不過他虛晃一下就到美國賓州大學攻讀博士班去了。二〇〇一年，溫清章接管聯電的研發大任，二〇一七年他成為上市公司益通光能科技的董事長。

匆匆數十年，我的台清交同學們都已經是台灣電子光電業的中流砥柱，這也是當年台清交的大學精神，學生都很勇於嘗試，戮力將自己的研究成果成就事業。

創立世界第一家掌上遊戲機公司

在一九七五年，我的博士生涯剛開始，碰到現任交通大學光電系教授的許根玉、光遠科技（DynaScan）公司總經理王遵義和萬里科技公司（Ortery）

技術長汪維明三位學弟。我們充分運用時間，學校功課照做，研究論文照寫之外，還想試試看自己的所學是否能產業化，於是我們在新竹市南大路成立了新域電子公司，推出一款「小天才」（little genius）掌上型遊戲機。

小天才會問玩家一些數學應用題，例如一加一等於多少？玩家答對的話，綠色的LED就會亮起；答錯的話，則是紅色的LED會亮，還搭配叭叭作響的音效，當年日本的任天堂還沒起家，我們跑得更前面，是全世界第一個做掌上型遊戲機的公司。

我們當時需要一個能加減乘除的四項功能計算機晶片，交大學長、現在已經退休的晶豪科技前董事長李進洋在GI（General Instruments）的高雄廠（GIMT）當業務。GIMT位於高雄進出口加工區，貨艙裡剛好堆放著一些過時沒有人要的全功能計算機晶片。我們就拜託李進洋，把這些晶片當成廢料賣給我們。

李進洋很樂意幫忙，不過事情沒有想像中簡單，礙於政府政策規範，這些在加工出口區的晶片不能直接內銷，必須先出口再進口才可以使用。李進洋費了一番功夫，先把晶片出口到香港，拿到進關證明後，再出關運回台灣，而他只收我們船運費用，真的是有情有義。

有了晶片之後，小天才的機殼需要開模，我們創業之初沒錢，就去拜訪宏碁前任的董事長黃少華學長。那時候宏碁的主力業務是生產電子計算機，並在台北市的南京東路上購置了辦公空間，當時有兩個隔間，一間是辦公室，另外一間是庫房，裡面堆了一堆東西。我們在倉庫裡面尋寶，選了一個宏碁不用的計算機模子，我們想要買，結果黃少華說不用付錢，要我們有需要就趕快拿去用！小天才上紅色和綠色的ＬＥＤ，則是請光寶的宋恭源董事長量產的。

在創業時期，我們受到許多交大的學長姊幫助，身為產業界前鋒的他們，非常樂於對後進學弟妹伸出援手，這我讓感受到交大獨特的大學精神，就是強大的產業橫向連結能力，與現在社會上倡議的高等教育應更重視「創新創業」不謀而合。

要賺錢，還是要做學問？

小天才問世後，生產線一條變兩條、兩條變三條，新域電子的業務風風火火，在新竹的業界與金融圈都很有名。銀行經理屢次登門拜訪希望我們借錢融資，一開口就是新台幣兩千萬元之譜，我們直接拒絕了，因為我們可是滿手現金！

在新域電子蒸蒸日上之際，有人跑去向郭南宏院長告了一狀，「你們交大的研究生不認真讀書，都在外面做生意！」

郭南宏院長的性格十分嚴謹，一查發現是我們四個，就把我們叫去訓誨一番，給了我們兩個選擇，一是好好念書，一是結束博士班的課業，好好去做生意。

我想這也很公平，於是就答應院長不做生意了，會好好念書。許多人問我會不會後悔？其實也無從後悔起，經營企業不是容易的事，在銷售、管理、研發上，對於前兩者，當時我們都是門外漢，帳務的問題更把我們四個理工人搞得暈頭轉向，會計經理還警告我說：「你還是比較適合回交大念書！」所以郭院長一提，我就回學校了。

面對院長的選擇題，許根玉、王遵義和汪維明三位學弟都決定結束博士班學業，三人日後也有不同發展。許根玉教授後來也在交大執教，王遵義和汪維明進入業界，將ＬＥＤ視覺暫留的技術，進一步商業化成領先世界的三百六十度環形全彩色ＬＥＤ顯示幕。多虧了新域電子的創業歷練，讓我們未來的路走得更寬闊踏實。

深度＋廣度，詮釋本土精神

回想跨界的台清交歲月，賦予了我多元優勢，除了不同求學階段對物理、材料、電子領域都有深入的鑽研，十年的學習與研究累積下來，也建立起跨領域的廣度。

正統電子學系出身的學生，尤其像我一樣做電路系統設計的工程師，通常缺乏對材料的了解，更缺乏對物理的深入知識。我設計電路時，常能夠融合物理學的觀念，而一般接受傳統電路設計訓練的工程師，並不會如此做，所以許多人很驚訝，不知道電路設計原來可以這樣做！對我而言，就是很自在地把很多素材整合在一起，變成一個新的東西。

交大人做事腳踏實地，也給我很大的影響。交大人可能在官場上不吃香，不過實實在在做事情的能力是一流的。前交大校長張俊彥當年做實驗，沒辦法添購符合實驗規格的爐具，他就自己動手設計一個。我認為這是本土精神的最佳詮釋，什麼叫做本土化？我認為本土化是在侷限的環境底下，創造出普世價值。

就像俄國大文豪托爾斯泰，他出生在俄羅斯帝國時期的貴族家庭，歷經戰爭的動盪與帝國遲暮的最後榮光，並且浸淫在新政治改革的思潮與社會運動中，托爾斯泰的題材是俄羅斯帝國，但是他碰觸到最深層的人性，感動了跨文化和國族的人們。

1-5 去去去，去美國……然後呢？

在交大博士班，我跟著陳茂傑教授做微波電晶體的研究，三年就完成了論文，趁著等待期刊發表的時間入伍服役。當時我台大物理系的學長、東吳大學理學院院長劉源俊教授，還特別向軍方借調我每週五到東吳大學當講師，一星期可以離開部隊一天透透氣，教我熱愛的電子學課程，至今想來都十分感念。

一九七九年我獲得博士學位，當時台灣仍是「國家博士」制度，各領域的博士生必須先通過校內的考選，再經過教育部的口試才能夠被評選為博士。台灣第一位博士、前交大校長張俊彥在一九七〇年通過教育部口試，我是第十二位國家工學博士，想來九年間工程領域只有十二位博士出線，這道國家設置的門檻還真的很高！

服完兵役後，我想回交大任教，去找陳茂傑教授商量時，他對我說：「我看你最好還是出去走走！」我問去哪裡走走，陳茂傑直說：「去美國做博士後（postdoctor），去外面開拓眼界。」

當年的台灣為博士後研究取了個諢名叫「超博士」。我想到有一位上海交通大學電機系畢業的余端礎老師，從洛杉磯加州大學（UCLA）來清大擔任客座教授，曾經教過我一堂課，於是我向他提出申請，他也很慷慨地馬上答覆：「你趕快到UCLA來吧！」

美國博士後研究的政治風險

於是取得博士資格的同一年，我申請到UCLA的太陽能電池（photovoltaic solar cell）博士後研究計畫。本來的如意算盤是在美國遊學兩年，「鍍金」之後就回台灣任教。但不到一年，一九八〇年美國總統大選，民主黨的卡特輸給共和黨的雷根，政黨輪替後，共和黨不支持太陽能相關研究，我的博士後計畫就此結束。

要離開ＵＣＬＡ時，余老師很坦白地告訴我：「懋中啊，你是個才子，但很可惜，沒有美國博士學歷。」並要我好好珍重，他的言下之意是，沒有美國文憑，我這輩子回不了ＵＣＬＡ擔任教職了。

我遠渡重洋要鍍金，結果只鍍了一半，出國前向師長親友道別，想要做出一番事業，卻是一年過去沒能拿出什麼成績，不好意思就這樣回台灣。於是我開始動腦筋，想到美國產業界闖蕩，也許有人要聘僱我。

我先跑到ＵＣＬＡ的就業指導中心（Placement Center），告訴櫃檯人員說我想要找工作，對方問我的綠卡號碼，我愣了一下，心想糟糕，我哪有什麼綠卡？這時候，後面有一個人搭腔說：「What's the Green Card for? I would interview him.」（要綠卡號碼幹嘛？我願意面試他。）

產業研究之路上屢遇貴人

我扭頭一看，是一位笑瞇瞇的大鬍子老美，我納悶我們素不相識，他怎麼會知道我想應徵什麼工作？大鬍子老外先問我從哪裡來的，我說我是台灣人，他說他太太也是台灣人；他又問我是哪裡畢業的？我說我國立交通大學畢業的，他說他太太是清華大學畢業的；他繼續追問我認不認識他太太，我心想清交的學生這麼多，人海茫茫怎麼可能認識？沒想到一聊起來，我還真的認識他太太，是我在清華大學當講師時教過的學生葛捷——命運就是這麼巧，人生地不熟的地方遇到貴人。

所以面試通過以後，我就在研究微波電晶體相關領域的 M/A-Com 實驗室工作，當時正處於美蘇冷戰時期，我開發的高功率微波電晶體，也是和美國飛彈防禦雷達系統息息相關。接下來的兩年，M/A-Com 實驗室給我相當多的空間發揮，幾乎可以說是我想做什麼，就讓我做什麼。只是在電子遷移率較低的情況下，矽晶的發展似乎到了極限。

當時我被砷化鎵三五電晶體（Gallium Arsenide III-V compound Transistor）所吸引，砷化鎵的電子遷移率將近矽的五倍，砷化鎵製成的半導體具有高頻、高線性、噪聲小、抗輻射能力強等優點，是行動電話與無線區域網路的關鍵零組件。我認為這將是未來的顯學，也想做更有前瞻性，價值與影響力都更大的研究，只是在加州的 M/A-Com 實驗室無意投入砷化鎵的研究，我開始萌生去意。

M/A-Com 實驗室想留我，問我想要加薪？還是想要公司的股票？我說不是錢的問題，是研究領域前景的問題，經過面談後 M/A-Com 願意請我到美國東岸新設立的砷化鎵實驗室當經理，但實驗室經理的工作五花八門，對上負責研究進度和成果，對下要管理並張羅各種實驗器材甚至資金。但我對研究工作比較有興趣，於是太太建議我打個電話請教台大物理系的學長、現已退休交通大學電子所的李建平教授。

李建平當時在洛克威爾科學中心（Rockwell Science Center）擔任研究員，洛克威爾是一家很有企圖心的航太公司，一直想要像貝爾實驗室（Bell Labs）一樣，成為業界中最有地位和影響力的企業研發機構。李建平一聽我的狀況，便直白地給我一記當頭棒喝：「你還是踏實一點做研究吧！實驗室經理是人幹的工作嗎？」他還告訴我，原工作於洛克威爾科學中心、史丹佛畢業的成大校友沈義德博士剛提辭呈：「趕快來面試吧！」就這樣，我又遇到貴人相挺。

我在洛克威爾科學中心一待就是十五年，主要是做砷化鎵的研究。我就白天做科學中心需要我做的東西，晚上則做自己有興趣的實驗。

警覺性、觀察力、自信心

印象很深刻的是有一天下午，李建平和另外一個同事、現任聖地牙哥加州大學（UC San Diego）教授的彼得・阿斯貝克（Peter Asbeck）在走廊上討論一個有趣的現象——在切割晶圓的時候，砷化鎵電晶體（threshold voltages of GaAs MESFET）水平跟垂直方向的通電反應完全不一樣。我正好經過，三個人就一起討論。

彼得．阿斯貝克的專業是半導體雷射，他把雷射的理論用來解釋李建平的新發現，兩人各持專業爭論不下，我聽了兩人的爭執，提議他們等我一下，我捲起袖子進去實驗室找答案。當時已經晚上七點鐘，還沒吃晚餐，我們一面做一面討論，實驗進行到半夜，最後三個人一致同意，我們發現新的東西！第二天我就開始寫論文，整個實驗執行過程不到一天的時間。

這個經驗給我很大的信心。但也曾有過另外一次實驗，我就因自信不足，認為是自己的焊接有問題，而白白讓一個新發現從手邊溜走。所以日後我總對學生強調：「對自己要有信心！」有自信的人，只要能保持警覺性和敏銳的觀察力，就能發現新的未知，除了讓自己的事業更上層樓外，同時也為人類文明開創出無限的可能性。

1-6 台灣有錯嗎？

在洛克威爾科學中心的十五年間，我一方面年紀輕充滿幹勁，另一方面砷化鎵是新的複合材料，論文發表比較容易，所以我平均一年可以發表十篇論文，十年下來也累積了上百篇。我從研究員做到部門經理、實驗室主任，並在半導體產業建立名聲，學術界開始注意到我，並向我招手，第一次來敲門的，是美國東岸長春藤盟校的一員。

是康乃爾？還是MIT？

一開始我與這間學校的代表相談甚歡，對方大力讚美我的研究發現，表現出極大的興趣，最後談起我的學歷時，代表心想我的專長是高頻電晶體，誤以為我是康乃爾大學（Cornell University）畢業的。他會這樣認定其來有自，第一屆工研院董事長王兆振博士是微波天線與電路的世界一等高手，名師出高徒，王兆振的學生伊斯曼（Lester Eastman）在康乃爾大學任教，是這座山頭的學霸，因此對方代表也以為我師承康乃爾。

這番話讓我百感交集，回頭說我從台大物理系畢業那年，同學們討論彼此要申請哪間學校，誰去哈佛、誰去史丹佛都先分配好，避免自己人打自己人。當年我分配到康乃爾，但我覺得在台灣的生活過得很滿意，又有美麗、相愛的女友，如果出國去康乃爾拿博士學位，不是放棄所有的一切？考量各種因素，我選擇了清大。

這些陳年往事在腦海中閃過，我告訴對方我也希望自己是康乃爾的，代表連忙道歉：「那您一定是麻省理工學院（ＭＩＴ）畢業的囉！」我告訴他很可惜不是他口中的ＭＩＴ，「No, but I am Made-In-Taiwan.」我是台灣的國立交通大學培養的，也是正港（講）的MIT啊！

長春藤盟校代表的態度隨即遲疑起來，表示長春藤系統還沒聘請過任何一名從台灣來的博士，不如我先到剛好有教授職缺的賓州州立大學，我去申請的話，有很高的機率錄取，得到該校的聘書後，他們再把我挖角過去。

聽到這番話，我感覺對方誠意不夠，原本要聘請我，反而開了一個功課給我做，於是這次延攬便無疾而終。

UCLA工學院長：台灣有錯嗎？

直到一九九六年，我突然接到電話，話筒那一頭是UCLA工學院的院長法蘭克．瓦贊教授，他說幾位教授推薦我，問我有沒有興趣到UCLA擔任教授。

我上次學了一個教訓，於是這次自己先招供：「我是台灣畢業的博士！」

以免雙方再做冗長的鋪陳，有什麼附加條件也可以開誠布公。

二十幾年前，台灣交大在國際上還不太有名氣，沒想到，電話那頭傳過來一個問句：「What's wrong with Taiwan?」台灣有錯嗎？他的反問竟讓我愣住了，我一時語塞，直覺回答：「Nothing wrong with Taiwan!」台灣沒有錯！院長表示既然台灣沒錯，眼前該做的事情就是大家快點見面、深入細節，並且迅速為我敲定為期兩天的面談。

UCLA的教授分級為助理教授四級、副教授兩級，教授則分為八級，要升到第六級、終生職的正教授，必須由來自世界各地的教授共同評審。以我的資歷、論文累積和在半導體業界的地位，我是有第六級的資格，但我一來沒有美國學歷，二來沒有教學經驗，這將會是十分麻煩的程序。想起上一次無緣進入長春藤盟校，就是卡在我的台灣學歷，於是我也不客氣地對UCLA出了個難題：「聘我當第六級的正教授！」

從面談到下一次通知經過五、六個月，UCLA工學院院長與系主任很有心，請了四位美國、兩位歐洲以及一位日本教授為我作評薦，再請學術副校長來主持評審會，並請了物理系、數學系、工學院、英文系與醫學院的教授來進行將近半年的評審。幾個月沒有消息，原本我以為沒希望了，想不到終於接獲UCLA通知：「恭喜張教授，我們的評審會經過六個月反覆的考慮，決定將你聘為第六級的正教授。」

離開舒適圈，為台灣博士任教世界名校開先例

我通過了UCLA的審查，在一九九七年得到聘書，卻也陷入了掙扎：「要繼續待在各方面資源都充足的產業界，還是到學校去重起爐灶？」

當時我在洛克威爾實驗室的團隊有幾十個人，包括哈佛、康乃爾、加州理工學院等一流大學的博士，做的東西很有挑戰性，是現在每個人口袋裡都有的智慧型手機訊號發射機。這項技術至今都是全世界智慧型手機發射機的

首選，htc、iPhone、三星、小米都是採用我帶領團隊的研發成果。

當時我大部分時間花在領導和管理，將一個研究或生產計畫分配給甲做這、乙做那，事情交待下去就有一流研發人員來執行，突然要到大學教課，從基礎講解到讓學生理解，是相當大的轉變。大學在傳授知識方面事必躬親，而一名教授除了能夠教書、帶學生，還要有本事拿到政府研究計畫合約。

在美國拿政府研究計畫合約，是全美教授的競技場，除了競爭激烈無比外，還要先提案給政府審查，即使入圍前幾名，仍得與政府單位合作愉快才能拿到預算，整個職場文化大不相同。另一方面，在美國工業界的薪水較高，即使拿到UCLA第六級正教授職位，但因為美國大學只發九個月薪水，相當於減薪了四分之一，另外三個月必須自己找合同的資金來支付，這必須獲得太太的諒解。

我仔細考慮利弊得失，仍覺得這一步必須跨出去，當時沒有任何一位從華人大學畢業的博士受聘為研究大學教授，只要我開了先例，未來台灣的博士在美國，就有一條全新的路可以闖蕩。

台灣土博士跑到美國人的地盤搶飯碗，聽起來已經是個天方夜譚，只要我接受了眼前的挑戰，以後赴美打拚的台灣博士，就不會遇到像上次常春藤盟校代表的質疑：有台灣博士在美國教書嗎？以後年輕的台灣博士到美國，可以大聲說：「張懋中教授是台灣的學校培養的，我也是台灣來的，他可以，我一定也可以！」

又奮鬥一個十八年

What's wrong with Taiwan? 台灣沒有錯，這是我們這一輩應該給年輕人的示範。做人不要看輕自己，我身為台灣的國產博士也有機會發揮所長，獲得國際級的認同！

於是我下定決心到ＵＣＬＡ任教，到任時我四十六歲，以為自己已經很資深了，教書幾年就可以退休，沒想到這一打拚又是十八年，後面五、六年還當上系主任，一直在進行電路整合與系統（integrated circuit and systems）的相關研究與教學。

原本只是想在美國待兩年、鍍了金就回台灣的我，竟然在美國一待就是三十六個年頭，他鄉都變成了第二故鄉，直到我接任交大校長，才重回台灣的懷抱。

1-7 去國三十六年，我欠台灣

我還記得到ＵＣＬＡ做博士後研究的五個月後，麗芳帶著兒子來美國依親，手上只提了皮箱，還問我：「我們什麼時候回台灣？」

原本計畫兩年後回台灣，但才一年半載，我的博士後研究計畫因為美國政黨輪替被中斷，出國沒鍍到金就灰溜溜地回台灣，這臉丟不起。之後我到業界工作，發現美國賦稅非常重，同事們都用買房子來抵稅，有了工作與房子，似乎就更順理成章地定居下來。接著女兒在美國出生，加上後來許多巧合與因緣際會，我的人生就這樣意外展開了，前面十八年在業界、後面十八年在ＵＣＬＡ教書，美國一待就是三十六年。

這段經歷給我最大的體悟是，人不知道未來會遇到什麼，人生發展有無限的可能性，所以在迎接那些可能性之前，要怎麼準備好自己？換個角度來問，一間大學要怎麼為自己的學生做好準備？當我的家鄉台灣、我的母校台大、清大、交大都在熱烈討論如何成為一流大學時，也讓我深思：為什麼美國有這麼多好大學？什麼樣的大學稱得上是一流大學？

拋開一流二流思維，創造偉大大學

台灣或整個華人文化圈，對「一流」大學常有很大的興趣，但怎樣的大學算一流大學？怎樣又是二流、三流？然而，以我在美國的經驗，美國大學寧願標榜自己是「偉大大學」（Great University）。

美國的大學在聘任教授時，首先問：「Who is the best?」誰是最優秀的？地域、人種、性別或膚色都不該是影響遴選的理由，最重要的是誰最合適坐這個位子？我在UCLA電機系執掌系務時，與猶太人、波斯人以及各種族裔的優秀教授共事，有來自於全世界的教職員，並且張開雙臂歡迎全世界的學生。美國能在開國至今兩百年後成為強盛的國家，原因就是有容乃大。

很多人疑惑，談「偉大」太空泛了，讓台灣的大學邁向世界級大學的指標要怎麼訂定？我認為這並不困難，只要看三個面向——這間學校的教授是哪裡來的？學生是哪裡來的？如何能將多元的人才吸引到學校裡？這有如池子有多大，魚就能夠養得多大。

話說回來，我十分感謝台清交三所母校的栽培，有了這樣的起點，我才能到美國與全世界的精英學習、共事，並且拚出一些成就。俗話說：「在家靠父母，在外靠朋友。」當我在美國面臨職涯轉換，或疑難問題，都是靠台大、清大、交大的人脈，一一解決。這些經歷呼應了我很喜歡的非洲古諺：「If you want to go fast, go alone. If you want to go far, go together.」（要走得快，自己走；要走的遠，結伴一起走！）因為人與人互相幫忙、彼此回饋，才能夠同行致遠。

我的夢想：更多台灣博士到國際名校任教

當我接到UCLA電機系的聘書，我面臨了學術與責任都大幅轉換的挑戰。人都會想要待在舒適圈，但如果我不接下這個挑戰的話，就失去一個開路的契機——證明台灣國產博士可以在美國名校教書。

在我創下先例的四、五年後，就有一位天津大學數學博士獲聘為美國休士頓大學的助理教授。近期則有台大化學系的曾憲榮博士前往UCLA藥學系擔任教授，成大建築系的張紋韶博士為英國雪菲爾大學（University of Sheffield）副教授。比較可惜，就是人數還是太少了，我希望能夠繼續把這個火把舉高一點，讓更多台灣博士到世界各地的偉大大學任教。

然而，現在台灣各大學的研究所很難收到博士生，連招生都有問題，哪來充足博士人才可以「輸出」？一般台灣年輕人不肯修讀博士，擔心未來找不到教職，卻沒想過教授的位置全世界都有！我們應該把目光放到國際舞台上，讓更多台灣博士到國際名校教書，這就是我的夢想，除了對學生的訓練必須更有開創性，也需要有許多教授共襄盛舉一起來幫助學生。這件吃力不討好的事情，我除了大聲疾呼外，也該來做些什麼！

我不能欠台灣

在UCLA電機系擔任了五、六年的系主任，不少親友認為我年逾花甲，快到了退休年齡，應該去遊山玩水享清福，在美國待得好好的，何苦回台灣蹚高等教育改革的渾水呢？

這讓我回憶起國際電磁學權威朱蘭成教授，畢業於上海交大的他，當年對於在新竹復校的交大母校十分關心，積極參與交大在新竹復校的全盤規劃，並大力鼓吹交大要趕快成立博士班。一九五八年，交大成立台灣第一間電子研究所，當時朱蘭成在麻省理工學院擔任講座教授，在交大電子所草創時期，他把美國先進的電子學知識、技術帶回來台灣，後來有施敏教授接棒，曾任交大校長的張俊彥院士，就是他們的得意門生。

以當年的環境而言，台灣的半導體設備、研究能量，可能不如史丹佛，但跟其他美國的大學比起來並不遜色。多虧關心台灣教育的國際級名師們戮力辦學，讓我發現交大在電子研究發展跟電子產業的潛能，也相信在交大電子所取得博士學位的歷程，將是非常獨特的學習機會，於是我放棄申請康乃爾大學，繼續留在台灣，台灣也給了我走出去的本錢。

我人生精華的三十六年給了美國，現在，我應該與台灣同行致遠。

第2章

台灣沒有錯嗎？

2-1 大學生成大人了沒？

初秋，新的學年度展開。新生入學典禮上，我們迎接了交大新鮮人的到來。上午的入學典禮剛結束，主任祕書裘性天便跑來找我：「校長，關於下午的新生家長座談會，你要有心理準備喔，」他提醒我：「家長們可能會花上一、兩個小時的時間，和你討論關於他們家小朋友的事情。」

「喔，小朋友的事情？」當時我剛接任校長，頭一回直接面對台灣的家長。我關心地問：「家長們會問怎樣的問題？」

「小朋友」的問題

裘主任祕書舉了幾個例子：「去年的座談會，有位家長說：『我們家小朋友來到貴校，剛剛去看了宿舍，他睡上舖，想請校長幫學生的床做欄杆，不然我很擔心，孩子睡覺會掉下來。』另一個家長接著發言：『關於床的欄杆高度，校長是不是規定一下？我覺得欄杆不能太高，發生火災的話，小朋友會爬不下來。』講到宿舍，家長都非常關心，一位媽媽說：『我建議床上要設計小桌子，這樣孩子在床上休息時，也可以讀讀書。』另一位爸爸馬上表示反對：『床上不宜放小桌子，如果小朋友在床上看書，不僅姿勢不良，對眼睛也不好。』」主任祕書做了總結：「以往的家長座談會，會花不少時間回答類似的問題。」

原來這就是「小朋友的問題」啊！我望著校園裡穿梭的學生，有人抱著籃球說笑，有人翻著書本走進圖書館，還有學生騎著腳踏車呼嘯而過……，實在無法想像他們之中，有誰會因為欄杆太高，卡在床上下不來？

我回台灣後發現一件事，「小朋友」經常出現在不同的場域與關係中，家庭中父母對子女、職場上長官對屬下、校園裡老師對學生，只要位為尊者或年紀較長，都很常見以「小朋友」來暱稱晚輩。

這種無孔不入的「小朋友現象」，說到底還是源自家庭，背後往往是愛護子女、不斷挺身而出的父母。這原本也無可厚非，但是當關愛化為各種保護的行動或言語，潛移默化中很可能成了年輕人的阻礙。舉個例子來說：兩歲的兒童玩溜滑梯，父母可能需要拉著孩子的手，爬上滑梯再溜下來，但五歲的幼童大多可以自行在滑梯上玩得不亦樂乎。如果兩歲到五歲，就有這樣的差異，當孩子逐漸成長，從兒童到青少年，從青少年到成人，父母也應隨著時間調整自己對子女的心態。我發現許多台灣的父母，並沒有意識到這一點。

無論是言語上的寵愛暱稱，或是行為上過度的保護干預，都會讓「小朋友」的意識，日積月累地內化到年輕人的靈魂中，進而形成生理成熟、性格成熟度卻嚴重落後的「大小孩」。

東西方文化的差異

將子女視為「大人」，可引導他們發展為更完整的人格；但若視為「小孩子」，則會限制年輕人成熟茁壯的機會。在歐美社會，小孩子普遍被當作大人來平等對待：父母尊重子女為獨立完整的個體，鼓勵子女思考、為自己的決定負責，他們還鼓勵子女冒險與探索，讓子女在探索中茁壯。

華人父母往往將子女視為小孩，無微不至地張羅生活、規劃未來，並以自己的方式，盡力保護孩子免於承擔各種風險。這樣的文化差異，從教育制度上也看得出端倪。歐美社會的高中教育，是為了進入大學而準備，高中生自己決定選修的課程。課堂上，他們針對不同的主題思辨、討論；下課後，依據自己的喜好，參與各種社團活動：看星星、玩樂團、研究機器人、讀古典哲學……，忙得不亦樂乎。台灣的高中教育，更像是國中教育的延續，首先還是要有課綱，學校再根據課綱來選擇教材。學生在課堂上，被填塞著大量高度消化過的教學內容。雖然也有社團活動，但許多時候是為了大學甄選時，能在申請資料中增添一些亮麗的「社團履歷」。

由此便可以理解，為何歐美與台灣的學生，在許多方面有著顯著的差異：歐美的學生多具備主動、負責的領導者人格，台灣的學生，卻普遍被動而欠缺承擔的膽識；歐美的學生，對於「未知」有著探索的企圖與勇氣，台灣的學生，則將「未知」視為危險，不輕易貿然嘗試；歐美的學生，習於跳脫框架的思考模式，台灣的年輕人，往往缺乏定義與架構問題的能力，因為他們習慣由別人來定義框架，並在別人規範好的框架中尋找答案。

當一群又一群沒有機會長大的「大小孩」踏入社會，就不只是個人或家庭的挑戰，同時也影響我們的國際競爭力，而現在的台灣，已經顯露這樣的弱勢與疲態。所以只要有機會，我總會提醒身邊有點輩分的人：別輕易把晚輩視為「小朋友」啊！因為「小朋友」的副作用茲事體大、後座力強，遠遠不是表面上那麼可愛而無害。

不一樣的新生家長座談會

新生家長座談會即將開始。現場座無虛席，更多的椅子不斷被搬進會場，仍有家長陸續入席，他們也許向公司請了假，也許從百忙家務中騰出空檔，每一雙望著我的眼睛，都有著熱切的期待與寄望。

我拿起麥克風，為座談會開場：「各位家長，今天是個大喜的日子，謝謝你們把下一代，送到交大來。」我說：「今天我有個建議：從現在開始，我們不要再聊『小朋友』的事情了。」

家長們顯得有些困惑。「今天是你們子女的成人禮，從現在開始，他們就是我們頂天立地的交大人了。所以，這場座談會中，請不要再提『小朋友會不會從床上跌下來』，或是『床邊欄杆要架多高』的事了，」我說：「讓我們一起來慶祝他們的成人禮，好嗎？」

聽懂了我的意思，席間的家長都笑開了。

「這些年輕人，將會和交大過往的校友一樣，在這裡做大事、創大業。希望家長和我們一起來談談，如何幫助這些年輕人，成就他們的人生與未來。我想，今天的座談會，就從這裡開始吧！」

2-2 創新，從問好問題開始！

多年前，我前往以色列參加一場學術會議。在特拉維夫大學演講結束時，幾個學生興致勃勃地圍上來，向我請教問題，討論你來我往，相當熱烈。之後負責接待的以色列教授，招待我到飯店晚餐。

兩個民族的交會

「猶太人實在令人敬佩。」面對主人招待的一桌好菜，我說了幾句真心的恭維：「歷屆諾貝爾獎至今，根據統計有四分之一的獎座被猶太民族拿走，獲獎率比全球其他民族高出將近一百倍。你們猶太人，到底有什麼祕訣呀？」

朋友想了想，問我：「你的觀察是什麼？」

我想到剛才圍著我發問的學生，一雙雙年輕的眼睛炯炯有神，散發著光。「猶太人好像……很會問對的問題（good questions worth solving）？」我說：「文明的重大突破，往往需要先找到對的問題，才能朝對的方向去尋求解答。你們很善於『問對的問題』，才把諾貝爾獎都抱走了。」

「這好像被你說中了。」主人大樂，敬了我一杯，並說：「我們猶太人也很欽佩你們華人，你們非常善於解答問題！」

表面上是餐桌上友善的相互恭維，實際上反應了兩個民族，在思維與教育模式上很根本的差異。我經常四處演講，經驗中結束後的發問與討論，台灣學生往往是最安靜的一群。這幾年情況勉強好一些，偶爾有人舉手發問，進一步探詢才發現幾乎都是陸生。看來一說到問問題，台灣學生顯得特別退縮，連文化思考習慣相仿的中國大陸，都發憤圖強地追了過去……。

「問好問題」與「解決問題」

當「很會提問題的人」遇上「很會答問題的人」，會出現什麼情況？

有位平頭絡腮鬍的創業家，向來以工作要求嚴苛、完美主義以及壞脾氣，威名遠播。即便如此，他的行事作風讓不少人佩服。和創業家一起工作註定神經緊繃，他酷愛發問，又缺乏耐心，經常丟出問題，讓人手忙腳亂地思索解答。

而有一群來自台灣的拚命三郎總是使命必達，給什麼問題就找出什麼答案。於是，創業家付錢請台灣拚命三郎為他賣力工作，他就負責發問、出點子。當台灣拚命三郎不眠不休地為創業家工作時，他則是掛著耳麥，穿著隨性又帥氣的牛仔褲，在全球矚目的新品發布會發表演說：

「今天是興奮的一天，我迫不及待要向你們介紹，一個神奇、革命性的新玩意……」

也許你已經猜到了，這位創業家就是蘋果的創辦人賈伯斯（Steve Jobs）。他熱愛提問，在蘋果的會議室裡，問問題一直是主流價值。賈伯斯在會議中，最常問的兩個問題是：

「怎麼提供更好的使用者經驗？」

「怎麼讓客戶有愉悅的感覺？」

這兩個好問題，衍伸出無數更細緻的問題，於是蘋果要求供應商，提出能夠「保證手機從一公尺高摔落也不會破裂」的設計；為了響應環保趨勢，要求廠商「生產過程中不得加入某些特定原料」；為了達到精品的質感，甚至連「設計出能透光的電源指示燈，但肉眼看不出外觀上有任何小洞」的龜毛需求都提得出來。

賈伯斯頻頻丟出難題，善於解答的台灣人步步接招，結果是蘋果每賣出一支手機，就有百分之九十甚至更多的利潤進到自己口袋，蘋果的夥伴們（包括台灣的供應商）則一起瓜分剩下的那一小部分毛三到毛四的利潤⋯⋯。

當努力又拚命的台灣人心裡很不是滋味，媒體傳出消息：最新的 iPhone 改用玻璃機殼；負責金屬機殼的台灣廠商，股價崩跌了好幾天。狂人川普登上美國總統大位，高呼要將蘋果供應鏈全部拉回美國，整個台灣的蘋果供應商，旋即陷入一片兵荒馬亂的大地震。

這就是「問對的問題」和「只解決問題」的差異：問對問題的人，打造的是品牌與系統；只解決問題的人，僅能跟在其後代工生產。

問對問題的人，定義了市場；只解決問題的人，追逐別人定義的市場。問出對的問題的人，創造並掌握趨勢；解決問題的人，總是為了追趕別人創造的趨勢而疲於奔命。

教育，鼓勵孩子提出好問題

僅占世界人口千分之二點五的猶太人，卻能夠拿下近四分之一的諾貝爾獎座，這讓我對猶太人的教育方式產生巨大的好奇。我的猶太朋友們告訴我，在猶太家庭中，小孩子放學回家，父母問的不是考試成績、不是「有沒有乖」、也不是「今天好不好玩」，而是：「你今天在學校，問了哪些問題？」

赫伯特·布朗（Herbert Charles Brown，一九七九年諾貝爾化學獎得主）也曾提及：「我的整個童年，父母都鼓勵我提出疑問，他們從不希望我純然相信一件事物。我想，這是猶太人的教育特別的地方。」

猶太小孩帶著這種思考、發問的習慣長大，從小學到大學，學生習慣和老師在課堂中爭論、激辯。好發問的猶太小孩長大後，培養出「抓住好問題」的直覺與能力，除橫掃諾貝爾獎外，更縱橫了人類各文明領域：從佛洛依德、馬克斯、愛因斯坦，乃至於這個世代臉書的創辦人祖克柏等，許多顛覆人類文明的人物，均來自猶太家庭。

台灣人（或整個華人圈）不善於問問題，和國情、教育方式有關係。華人社會讚許聽話、乖順的孩子，「天下無不是的父母」便隱含不容質疑的文化思維，而自古忠臣多不得志，多半也和逆耳忠言講太多有關。意見多、想法獨特的人，在成長的過程中，往往得不到鼓勵，甚至因此飽受挫折。這樣的文化氛圍，嚴重限制了整個社會的思考力和創新的可能性。

創新力雖然不足，但台灣恐怕是地球上最擅長考試的國家，升學制度、家長、補習班，形成了一個頑強的鐵三角，捍衛著這個和「教育本質」越離越遠的「只學答，不學問」考試系統。

補習班的教學方式，幾乎都著重在答題技巧，目的是把學生訓練成「不用頭腦就能快速解答的超強機器」。經過補習班的洗禮，每個學生都有機會「脫胎換骨」，變成應答考試的大內高手。弔詭的是：如果我們的孩子，總是贏在起跑點，那為什麼終點的贏家，通常都不是台灣人？

英語中有個慣用語「think out of the box」，指以跳脫傳統框架、擺脫僵化的模式來思考，這樣的思考方式，才能發現顛覆性、創造性的好問題。這對凡事先問「題目在哪裡」、捲起袖子準備作答的台灣人來說，恰是最大的挑戰，然而這個挑戰在此時此刻，比以往都顯得更加巨大。

過去數十年，正值科技飛越增長的年代，台灣因為「擅於找出解答」，在世界的科技舞台上占據一席之地。科技公司的名片上，總是低調又自豪地印著「We provide solutions!」「Best solution provider in the world」。然而，技術發展終有極限，隨著「摩爾定律」的放緩，人類文明進展，已經從「技術導向」的突破，逐漸轉為「創意導向」、「跨域整合」的新戰場。台灣賴以為業的「代工思維」，逐漸在新時代黯淡，唯有開發新的商業模式、新的市場，才有機會在新的時代，找回屬於我們的鎂光燈。

擦亮心中的問號

之前，我受邀參加「台積電盃青年尬科學」頒獎典禮。活動由各組學生準備一個主題，進行閱讀、論述與衍伸，其他的參賽學生則針對發表內容自由提問，比賽即以發問、答辯的方式交叉進行。主辦單位同時設立了「最佳答題獎」、「最佳問題獎」。

看到「最佳問題獎」，讓我瞬間感到眼睛一亮：提問的重要性，在台灣開始受到重視了！我頒發的是壓軸的「最佳答題獎冠軍」，上台頒獎時，還是忍不住向主持人要了麥克風，提及這個我很欣賞的獎項：「未來應該把最大獎設為『最佳問題獎』，獎金分配最好也挪一下。」台下的學生大笑，尤其是剛剛拿到「最佳問題獎」的那位女同學。

我說：「只有對的問題，才能引導出好答案，所以提出一個好問題，比回答問題，實在重要太多、太多了。」

擔任「創新中國論壇」主席的李政道博士，曾被學生問及「創新的祕訣」，這位拿下諾貝爾物理學獎的國際大學者，提起筆在白紙上，寫下十八個字：「要創新，需學問；只學答，非學問；問越透，創更新。」

擦亮我們心中的問號吧，畢竟，找到好問題這件事，實在太重要了。好的，我講到這裡，各位同學，現在有什麼問題？請熱情發問！

2-3 給學生自由去發掘熱情

有一天，我遇到在UCLA指導的博士生Jenny，她剛回台灣的某大學任教，我問她教學狀況如何，Jenny嘆了口氣：「台灣學生的步調好慢、學習意願好弱啊……」

怎麼會這樣說呢？我們聊起UCLA電機系的作風和台灣的差異，有一門課程叫做「數值系統設計」，課程長度是十週，從第一堂課開始，教授就指定學生要執行哪些作業或專案，隔週就要交報告，接下來週週如此。Jenny說：「回台灣後，同樣的課程內容，我得開兩個學期，一共三十八週！花了快四倍的時間才教得完。」

美國的大學生習慣高密集的課程，為什麼台灣的大學無法以相同的強度開課？我想，這無關聰明才智，而是台灣教育結構性問題。

問題一：從來沒給學生自由

我到交大擔任校長後，對台灣的大學生有一些觀察，首先是大家普遍溫和乖巧，可是比起歐美的學生，較缺乏探究真理的熱情。由於缺乏熱情，生活就沒有方向，眼前遇到什麼問題便應付或拖延過去，因此常對未來感到茫然。

在中學時代，美國的學生「很會自我發展」，自由探索自己的興趣、發掘熱情所在，台灣的學生卻過得非常壓抑，除了「念對考試升學有幫助的書」，許多興趣與活動都被犧牲了。

在完成義務教育之後，美國學生念大學多是出於自己的選擇，自我驅動力很強，加上學費昂貴，所以更是卯起來認真讀書。今天，台灣的大學升學率幾乎是百分之百，台灣的大學生往往不是出於自身意願，而是「似乎非如此不可」的社會氛圍，沒有思考清楚就來接受高等教育。

這樣的學生帶著「多年媳婦熬成婆」的心情上大學，不知道能在大學中得到什麼，於是像要討回幼時積欠的童年複利般，做一些單純殺時間的玩樂，學分挑營養的修，考試前K一下「學霸」同學的筆記，只求考試能過關，對報告也只是交差了事。這樣截然不同的訓練態度，在持續累積四年後，美國大學生的競爭力自然就遠遠超前了。

問題二：過分講求速效

電腦讓資訊取得容易，現在的學生可以做到以前學生做不到的廣博程度。如果學生有批判性思考的能力，接收大量資訊是很有幫助的，但在沒有建構有體系的思考能力下，讓資訊垃圾進垃圾出（garbage in and garbage out），反而令人擔憂。

學生習慣與電腦互動，輸入一個指令，就會得到程式語言的回應。我是學工程的人，也在交通大學推行「全校寫程式」的通識課程，但程式語言的邏輯是固定的，自然世界與人際關係卻是更複雜深奧的，更需要時間去理解。

現在許多大學生不讀有完整體系的教科書，要教授提供整理好的講義，只讀消化好的內容，但這和人工再製的速食一樣，吃了之後迅速得到熱量，可是你不知道食品的原貌、製作的過程、烹調的順序，然而這在知識的追求上是有問題的。

我有幸擁有一個「很閒」的童年，順利地發掘自己的興趣，依循熱情學習，大學時代也剛好沒有這麼多必修課程，有許多優秀的同學與我一起進步，所以每一堂課都修得很深入。我認為要盡量給年輕人一些空間去思考與交朋友，即使學生看似坐在那邊胡思亂想，也不要急著去批評他們。

問題三：不敢主動領導

台灣許多年輕人不清楚自己的方向，經常也欠缺勇氣與自信去領導別人。美國高等教育講究「主動與負責」和「判斷與領導力」的特質，這也是台灣學生普遍比較缺乏的，需要有意識地去培養，回想年輕時期的我也曾經是這樣。

這個故事要追溯到我在 M/A-Com 實驗室的第二年底，因為不想繼續研究已經十分成熟的矽微波電晶體，我便向實驗室主管辭行，「Frank，你想要股票還是加薪，我們通通答應，千萬不要離開！」主管全力慰留我，得知我想離職的主因後，他有一個提議：「我們在美國東岸成立新的實驗室，你可以到那邊看看！」

我從美國西岸洛杉磯搭飛機到東岸，再開車前往實驗室。時值隆冬，車窗外的氣溫是零下四十度，對物理學家而言，零下四十度就不用提是攝氏還是華氏了，因為換算的結果都一樣。台灣超級馬拉松選手陳彥博的自傳《零下四十度的勇氣》，描寫他如何在天寒地凍的北極活下來並超越極限，大家可以想像零下四十度的風雪，是如何讓來自亞熱帶國家的我「膽寒」。

新實驗室在一座山丘的森林裡，停好車子後我要穿過小徑去面試時，發現車子竟然開始往山下滑！洛杉磯不下雪，停車自然不用拿出三角形的墊片放在後車輪下，但在這冰封般的山丘上，忘記這道手續可麻煩大了。當時我年輕氣盛，心想不能讓車子就這樣掉到山坡下，連忙轉身去追，幸好是讓我追到了。

狼狽不堪地再次停好車子，來到實驗室，首先面試我的一位資深研究員拿著一個印著「NO」的馬克杯，與我在會議室面對面坐下來。這名面試官的形象，完全就是電影《〇〇七》中的頭號反派諾博士（Dr. No），諾博士的最大特色，就是總是說「NO」。

當天談完所有的人，晚上和接待我的印度裔副總（VP）去吃晚餐，對方告訴我：「諾博士滿喜歡你的，我們都很希望你能來這邊當實驗室的經理。」

聞言我大吃一驚，除了撲克臉的諾博士居然這麼肯定我，還有我是來應徵研究員，並不是來應徵當實驗室經理，對方怎麼把我自動升官了？或許是華人教育中溫良恭儉讓的「遺毒」太深，我直覺自己擔當不起，而我面前印度裔副總的反應卻是大惑不解，這樣千載難逢的機會，應該要立刻說 Yes 才對啊！

我後來到洛克威爾科學中心當研究員，十五年來從研究員晉升管理職，然後當上高階主管。回想當年，或許我可以更早開始學習如何當一名領導者。

領導者的修練

領導者要能在其他人還沒發現問題之前，先主動提出來，並指出方向帶領眾人，同時也要挑起完全的責任，賦予權力讓團隊去執行，所有人一起跟上來，整個群體才會進步。

要讓人跟隨，比起高壓地揮鞭子催促，更重要的是激起對方探索知識的熱情。猶記我在UCLA任教後，一位博士生的研究一直原地打轉，他資質聰穎且桀驁不馴，我知道若把他逼到牆腳多半會招來反效果，寧可多給他一些反思的空間，於是在一次原本是尖銳對抗的會談中，我語重心長地對他說：「這樣下去，我很憂心你的未來。」這位博士生聽懂了，痛哭失聲地向我道歉：「謝謝教授這麼關心我。」他的課業與研究也出現了突破。

台灣教育有許多問題，追根究柢是「只學答，不學問」，讓學生根本沒有機會認識自己。環環相扣的問題必須從源頭解決，我除了鼓勵大學生跳脫框架去思考，也期待家長、學校與社會，把自由還給學生，讓年輕人有更多空間與時間，去探索自身的熱情。

2-4 選修？必修？跨領域學習的優勢

一九九七年，我離開工作十幾年的洛克威爾實驗室，赴ＵＣＬＡ電機系任教。與我同一輩、在美國拿博士的台灣人，大多會回到台灣的大學任教，我這個ＭＩＴ——Made in Taiwan——的國產博士卻反其道而行，這也讓我更深刻體會到台灣與美國高等教育的差異。

首先我把ＵＣＬＡ的課表拿來研究了一番，卻發現一件「奇怪」的事，當時ＵＣＬＡ電機系博士班有「電子物理」、「電路和嵌入式系統」、「訊號與系統」這三個不同組別。我在電路組收了幾個博士生，然而電路組學生的必修課程中，並不包含電路相關的課程，反而指定必修另外兩組的課程。為什麼我的學生不必修電路的課？我還以為課程安排出錯，趕緊去詢問負責排課的系主任。

「本來就是這樣的。」他向我解釋：「凡是電路組的學生，應該已經對電路具備有一定程度的知識。如果不修其他兩組的課，只鑽研在電路設計上，那思考模式、知識領域都會受到限制。」依此類推另外兩組也是一樣，所以必須要學電路的，是另外兩組的博士生。

在UCLA電機系指導學生的過程中，我漸漸體會到跨領域學習的力量。主修電路的學生，在處理電路設計的問題時，很容易跨出自己熟悉的範疇來思考解決方案，他們自在地穿梭在不同領域中，彈性而交錯地運用電路設計、訊號處理、物理學的方式，想出來的解決方法總是特別靈活、特別「有靈氣」。

回想我大學、研究所、博士班分別念台大物理、清大材料、交大電子，跨了不同領域，這樣的經歷建立起我對物理、材料、電子領域的深度，串聯起來就有廣度，我可以自由地把各種素材結合在一起。此外，就我的觀察，美國的博士生即使學士、碩士、博士都在同一個領域，也能靈活跨界。為什麼他們可以做到？這讓我更深入觀察美國的大學體制。

美國高教選主修，而非選系

大部分的美國大學，學生是由學校而非科系錄取。大一新生幾乎不分系，方便學生盡情去探索自己的熱情所在。大二以後，學生陸續確定自己的主修，但他們不會認定自己是「某個系的學生」，一般他們會這麼說：「我的主修是某個領域。」

這樣的制度實現跨領域的彈性與精神，學生並不是隸屬某個科系，相對也擁有更自由、跨領域學習的空間和自主性。學生除了可以選擇主修和輔修（Major and Minor），美國的大學也提供「聚焦課程」（Course Concentration），就是在某個主修領域中，細分出各種子領域的課程集合，提供給有興趣的學生，根據自己的需要與興趣來修習。

每一個系所的知識系統，都有主幹和分支，主修的學生一定要通透主幹，然後研習數個分支，跨領域的學生除了主幹之外，可以單獨攻掠一個分支，這就是聚焦課程的精神。舉例來說，一位學生可以選擇「社會學」為主修課程，另外選擇社會學中的「性別與女性議題」為聚焦課程。當學生依據自己的需要，設計自己的課程組合，大學教育也才更容易培養出跨領域人才。

跨域學程在交大的實踐

回交大執掌校務後，我也全面檢討了現有的畢業學分規定，希望能導入美國大學的聚焦課程設計，打造交大的「跨域學程」。

然而不少學生反映，這項變革立意很好，但他們卻有些力不從心。首先卡在本科系的上課時間太長、學分都修不完了，跨領域選修經常與本科系的課程衝堂之外，如果選擇聚焦學習，學分不足以雙主修，又差輔系的門檻一點點，沒辦法在文憑上有幫助，還不能抵扣通識課程學分，花了心力時間，甚至學分費都繳了，卻陷入「不上不下」的窘境。

我也觀察到，現在一位同學下定決心要雙主修及輔系後，除了極少數特例，十之八九得延後畢業年限。在還不能完全打破系所框架之下，我完全理解學生們的顧慮，跨領域要在台灣實踐，必須有更多的彈性和配套措施。

交大增加跨域學程前，校方做了不少前置功課，我請各系定義出該系的核心課程，學生在自己的主修科系外，另外選修其他科系的核心課程，修習完畢後，學校就會在畢業證書上，加註他們的第二專長。

為了鼓勵跨域學習，交大在制度設計上，也合理降低第二專長修業的門檻。各系核心課程的必修學分數不宜太高，以交大為例，約落在二十八到三十二個學分之間；此外，跨域學程修習的學分，亦可抵扣通識教育的選修學分。

在交大做了這項新的嘗試以來，已經有一百多位同學選擇了跨域學程，我不敢說這樣的成效是如火如荼，但是跨域學程提供學生在既有的雙學位、輔系之外一個更有彈性、更容易實現的選項，我期待學校與學生共同跨出這一步後，也在研究計畫的執行層面，出現更多跨領域的合作。

研究計畫跨領域

目前台灣的學術研究，普遍還是在單一領域中埋首努力。單點的研究缺乏串連，能夠衍生的價值有限，力量也很微弱；跨域研究將許多單點串連起來，形成一個強固的面，彼此支持著前進的動能，每一個單點，都比以往更有力量。

以交大執行的綠能研究為例，我們將綠能的研究計畫擴展成整套智慧能源系統，從生產能量開始，到儲存、運送、分配能量，最後到家庭應用等，執行層面橫跨電機、機械、化工、物理、資訊等系所的合作。除了技術層面，人文領域的系所也將投入田野調查，來研究完整的綠能系統，對社區的生活型態帶來哪些影響？居民的行為有怎樣的轉變？以社會學的角度，來評估新科技是否增進大眾的福祉。

要完成這麼巨大的專案，不同專業的人才必須互相合作，而讓人與人難以合作的，經常是因為不理解彼此，自命為「正義」的一方，卻沒發現「好人總是自以為是」的盲點。

如果年輕人在大學中，能從被綁死的必修、僵化的選修學分規範中解放，有機會去理解其他人為什麼這樣思考、為什麼這樣做決策，就能更明確地定義問題，更靈活地找出解決問題的辦法，而每一個更順暢的合作，就是跨領域精神的最佳實踐。

2-5 拋開小確幸，用驚嘆號顛覆世界！

如何用最快的速度，把一個人從點 A 移動到點 B？

二〇一三年八月，科技狂人伊隆・馬斯克（Elon Musk）公布了一份「超級高鐵」（Hyperloop Alpha）設計書：一個膠囊狀的艙體，在近乎真空的大管子裡，以某種裝置彈射而出。因為艙底的懸浮設計，加上空氣稀薄的環境，可將所有摩擦力降至最低。根據馬斯克團隊的評估，這個顛覆想像的超級高鐵，極速可逼近音速（一二三五公里／每小時），遠超過飛機、高鐵可能達到的極限。

顛覆性的瘋狂

據悉，馬斯克之所以公開「超級高鐵」的設計，是因為大興土木中的「加州高鐵」讓他失望極了。加州高鐵有極高昂的造價，卻無法有突破性的速度（全線極速預估為時速三百五十公里，在世界現行的高鐵系統中，只能算是中規中矩的表現）。從洛杉磯到舊金山，加州高鐵約需兩個半小時，而「超級高鐵」預估僅需三十五分鐘。更別提在馬斯克的評估中，「超級高鐵」的打造成本，僅是加州高鐵的十分之一。也就是說，如果真照他的設計書來打造，一張超級高鐵的車票，將比同樣行程的飛機票、高鐵票、火車票都更便宜。

白皮書公布後，媒體和科技業一片譁然。有人質疑真空管的安全性，有人預警這樣的高速，如果發生意外，就是毀滅性的災難；有人抨擊馬斯克嚴重低估造價，譁眾取寵，呼籲馬斯克放棄這個瘋狂計畫，更別說這樣的高速需要近乎直線的行駛，如何取得沿路的設置地點，才是最麻煩的事。輿論一片唱衰，馬斯克淡定地在推特寫下：「關於超級高鐵，我不打算申請專利——實在很不喜歡搞專利這種東西。歡迎所有人對目前的設計提出建議，一起討論……」

這已不是頭一次，馬斯克面對排山倒海的質疑。當眾人懷疑，電動車能否突破速度慢、續航里程不足的問題，馬斯克的特斯拉團隊，帶著可以行駛近四百公里、加速度直逼跑車等級的Roadster驚喜現身；當全世界都認為，打造太空船是美國政府才需要煩惱的事，他的太空探索科技公司（SpaceX）已多次將獵鷹系列火箭送上太空，並順利拿下NASA（美國航太總署）鉅額的合約。比起他曾提出「只要在火星上丟兩枚核彈，把火星變溫暖後，人類就可以移民火星」的瘋狂計畫，「超級高鐵」的設計概念，實在是「正常」太多了。

當人們開始為伊隆．馬斯克這個名字感到驚愕又著迷時，這位真實版的「鋼鐵人」正在跟媒體記者說明「飛龍二號火箭」的規格：「去火星一趟要十八個月，我不推薦坐飛龍二號，」馬斯克認真地說：「飛龍二號太小了，坐起來不舒服。」他的夢想是在火星打造一個一百萬人居住的基地。

這些聽起來很瘋狂是嗎？但你不得不承認，馬斯克許多令人瞠目結舌的點子，不是已經陸續實現，就是正一步一腳印地往前邁進：二〇一六年春天，特斯拉最新的 Model 3 電動車，才開放預購，就從世界各地湧進數十萬台的訂單；二〇一六年初夏，超級高鐵順利完成第一次公開測試；而他的太空探索科技公司，宣布最快將在二〇一八年登陸火星……。

他真的做得到嗎？沒有人知道。但世人開始期待，馬斯克會帶人類去哪裡？從清潔能源到宇宙探索，他思考的都是 The Next Big Thing ——下一件能改變人類未來的大事。

「下一件大事」在哪裡？

而台灣的 The Next Big Thing 在哪裡？回台灣後，我很少聽到類似的大格局、大邁步的夢想或計畫，倒是常常聽到在談「小確幸」，這事情實在不太妙。

倒不是說每個人都應該去打造太空梭（畢竟在地球上，會嫌NASA動作太慢、忍不住自己跳下來做火箭的，可能也只有馬斯克了），也不是說上班族交流團購美食不對。小確幸本身不是壞事，有問題的是：如果生活中「只剩下」小確幸，或當小確幸成了最高顯學，甚至內化為一個國家的文化與價值，影響可能就是核彈等級的災難了。

政府不敢放膽做長遠的施政規劃，也少有關於產業升級、轉型這類深遠的布局，在現有的選舉節奏下，施政方向逐漸傾向短暫能見到成果的淺層政見。隨著代工的利潤越來越低，許多科技公司走入「毛三到四」的窘境（指毛利跌至三%到四%），甚至陷入損益兩平的掙扎，卻依然固守越來越小的安全區與一點微薄的利潤。而在學術界，小碎步的研究似乎成了隱性的潮流，研究者背負論文數量與升等的壓力，傾向選擇容易掌握的領域，少有顛覆性的主題，小心翼翼做著「有把握」的研究。

這實在是個大警訊，畢竟人類文明的巨大突破，從電燈、飛機、電腦到網路，無一不是從「顛覆性的荒謬」開始。而在台灣，很久沒有令人眼睛一亮的新奇點子，別人將陸續上太空，而我們還在繼續代工，遲遲未能跨出那塊小安全區。

小確幸形塑了一種「淺層反應」的文化：一個個的小確幸，像是水面上的漣漪，淺淺地擾動又消逝，卻無法累積成長遠的能量，慢慢成了一攤無法流動的死水。就這樣，個人群聚成社會，社會又牽制著個人，小確幸柔弱且頑強地擴張成盤根錯節的網，把眾人的腳步困在其中，停滯不前⋯⋯。想想看，這難道不是核彈等級的災難？

我想發起一個「跟小確幸說掰掰」的運動，從學生、老師、學校開始，到政府、機關行號、小公司大企業，大夥一起認真地跟「小確幸」告別，連帶把「怯懦」、「保守」、「框架」、「安全區」、「裹足不前」、「消極溫吞」、「不敢作夢」，也一鼓作氣打包拋掉吧！

跨出安全區意味著未知，成功與失敗隨時可能在某個時刻出現。然而，比起困守原地，等待失敗步步逼近，何不在精準定義下做顛覆性的創新，反而能開啟新的機會、試探新的可能性，這將令人振奮多了！

放膽做夢吧！

我很喜歡伊隆・馬斯克在電影《鋼鐵人２》裡，客串演出真實世界的自己，那是賽車俱樂部裡衣香鬢影的一幕，鋼鐵人東尼・史塔克和風度翩翩的伊隆・馬斯克偶遇——

「嘿，伊隆，最近如何？」東尼說：「你們獵鷹火箭的引擎真的太帥了！」

「謝謝，」馬斯克拍拍東尼的肩膀：「對了，我想到了一個電動噴射機的點子！」

東尼：「真的？那我們一起搞定它吧！」

我期待不久的將來，在台灣也會出現這樣的場景：正午時分的大學校園，學生餐廳裡人聲鼎沸，電機系的春嬌和穿著藍白拖的動物系助教志明偶遇——

「嘿，春嬌，最近如何？」志明說：「妳們的晶片，竟然成功轉譯大象的腦波成文字，真是太酷了！」

「謝啦，」春嬌爽朗地回答並說：「我的大象昨天透過腦波翻譯，跟我說他很想讀《印度之旅》，我正在思考如何將其中的內容植入大象的腦部記憶區。你有沒有什麼點子？」

「這真的太酷了，」提著排骨便當的志明，對春嬌露出興奮的笑容：「我們一起搞定它吧！」

第3章

邁向偉大大學

3-1 頂尖？一流？我心目中的「偉大大學」

回台擔任交通大學校長後發現，國人對國內的大學是否能邁向頂尖或世界一流表現出相當的興趣。但就我在國外大學任教多年的經驗，美國的知名大學甚少或者是從未聽過這樣的說法，反而經常提到的是在乎自己的學校是否是個「偉大大學」。

那麼到底什麼是一個偉大大學呢？我個人的看法是：

A great university can identify, challenge and prepare leaders and pioneers to advance human knowledge base and elevate human civilization in quantum scale.

也就是說大學最重要的是培養次世代的領導人和先驅者，能顛覆性地增進人類的知識基礎或者是能提高人類的文明層次。在這樣的定義下，教學必須日新又新以挑戰前瞻研究，只有從事研究的教授才能以最新的知識分享給學生。一般媒體常炒作的研究與教學孰重，在研究型的大學完全是個假議題。

高等教育的排行榜迷思

對大部分台灣民眾而言，似乎認為想知道哪間大學的排名，只要看看坊間商業媒體排行榜就可確認。於是每次國際商業媒體的高等教育排行榜一公布，教育部長與各「指標大學」、「頂尖大學」的校長們，就會受到媒體一陣追逐，要清算名次下降的責任。

現有大學排行榜的評分項目繁多，從發表了幾篇論文、被引用的數量、被重要期刊刊載的數字等等，量化分析看似客觀，卻無法反映有意義的「質」。

如果論文的研究領域已經過度成熟，或僅是在原來研究基礎上做一些零碎的小進步，那即使論文數量衝得再高，不但不能實質性地擴張知識或提升文明，更不能養成未來的領導人和先驅者。

另一個爭議點，在於這些評比的「專業有效度」。只評估論文數量的缺點顯而易見，而且不同學院的研究方法內涵不同，研究成果的展現也大不相同，每次拿論文數量評比，以文學院、法學院、社會科學院為辨學特色的大學就掉到排行榜之外，如果以非專業的量化指標抨擊它們「排名低下」，很顯然不公允。

如果以學校聲譽對大學院系或公司人事主管進行問卷調查，其結果難保有如選美比賽（beauty contest）。此外也不乏學校為了擠上排行榜，將經費挪作媒體公關或廣告，而不是投注在教學與研究上。

如果以產學合作計畫數量評量，學校就容易傾向爭取「小型但簡單」的合作計畫，不願意嘗試困難、具挑戰性的大型計畫。即使改以「產學合作計畫經費金額」來評分，在會計項目上也是可能把一些牽強的項目，甚至不相干的經費列入產學合作計畫中，完全就是捨本逐末了。

放下「一流」思維，追求「偉大大學」

回國後，我試著把偉大大學的理念盡量在各種場合中加以闡明。有一次和與新竹交大同根同源的上海交通大學張杰校長討論到偉大大學的理念。張杰校長表示他完全同意，並且說新竹交通大學就是所偉大的大學，因為它的校友胼手胝足興起了台灣的半導體工業，是最值得上海交大效法的榜樣。

一九四八年，於第二次世界大戰中聲名大噪的歐洲盟軍統帥艾森豪將軍，卸下陸軍參謀長的職務，同時接受哥倫比亞大學的邀請，受聘為校長。到職當天，艾森豪校長會見了全校教職員，他不改軍人本色，先來一段精神喊話：「哥倫比亞大學的員工們，我作為一校之長，一定為各位員工的福利來打拚

——」

「校長，請允許我的冒昧，」現場一位眼神充滿智慧的教授，在艾森豪校長第一個點到他的名字時，站起來說：「我們不是哥倫比亞大學的員工，我們就是『哥倫比亞大學』。」（We're not the employees of the university. We are the university.）

這段軼事中發言的教授，是發明核磁共振而得到諾貝爾物理學獎的伊西多·拉比（Isidor Isaac Rabi），當時他也是哥倫比亞大學物理系的系主任。拉比教授在哥大的學生中又持續有三位也獲得諾貝爾獎，後來艾森豪將軍出任美國總統時，拉比是他的首席科學顧問。

大學的本質與偉大大學

我認為這則小故事說明了一個極美好而重要的事：大學，指的不是無機的硬體設備、校舍或校園，而是一群人，一群同行致遠、追求真理與知識，並擔負教育使命的生命共同體；所有教授、職員、學生、以及校友們，都是大學最重要的部分。

大學，是以人為產品——換句話說，沒造就人就不成其為大學。而我心目中的偉大大學，要能夠辨識（identify）人才、挑戰（challenge）人才，並且預備（prepare）人才，使學生成為未來世界的先驅與領導者，帶領著下一代的人類社會產生原認為不可能的貢獻。

在這個過程中，與學生第一線接觸的教師，扮演相當關鍵的角色，「發掘並激發學生潛能」是教師最重要的使命。「真正的教育者，是能幫助你發揮潛力。真正的教育者，理應是解放你的人。」「所以能讓你自由自在、充滿活力地發揮潛能的人，才是真正的教育者，這樣的人所任教的學校，才是你該去的地方。」這是尼采在著作《作為教育者的叔本華》（*Schopenhauer als Erzieher*）中所談到的教育。我雖然並不贊同尼采許多方面的看法，但他的這一番有關大學的論述倒是深得我心。

然而，要實現偉大大學的目標，仍有現實問題急需解決。俗語說「鳳凰無寶不落」，近年來，港澳、星馬、中國大陸不斷挖角延攬台灣的知名教授，連沙烏地阿拉伯都以台灣五倍的高薪搶人。為因應台灣教授低薪的事實，在二〇一六年初，我赴美國北加州交大校友會，向校友們說明我想將交大打造成「偉大大學」的願景，成立了捐款免稅的基金會「NCTU Foundation」，募集三十位以上的青年講座、助理教授的加倍薪資，來為交大和台灣求才。

值得慶幸的是，交大校友們都非常認同偉大大學的願景，立即承諾捐獻聘用三十名講座教授四年所需的資金，我帶著第一年的台幣一千萬回台灣，心中滿是感念。

有感才會動起來

深感處於低氣壓中的台灣社會，雖然承襲過去個人電腦和ＩＣＴ工業的餘緒，衣食無虞，但年輕的一代受到近鄰快速興起的壓力，士氣不振，自覺前途無亮。在福衛五號發射升空的現場，有一位北一女中的學生，問我說：「台灣經濟差，沒有錢，是不是將來也沒有前途？」

我回答她：「台灣不是沒有錢，而是沒有『感動』！」

的確，一個沒有「感動」的國家，business as usual，年輕人哪有前途？巧的是「交通」這兩個字在古希臘文常作「Koinonia」，也可翻成「感動」。願「交通」和「感動」常與我們的年輕人同在！

十年、二十年後的世界沒人知道會變成怎麼樣，但我們一定要預備（prepare）年輕人具備生存、發展的能力。我希望大學扮演進步的中堅力量，台灣高等教育所培養的學生，都是未來的先驅者和領導人。如此一來，台灣就不只擁有世人稱羨的偉大大學，也將蛻變成世人嚮往的進步社會。

3-2 辨識人才

二〇一〇年，我接任UCLA電機系主任。即使UCLA已經在世界前十五名，電機系也是全球電機工程師最嚮往的系所之一，但「如何在校系聲望排行榜力爭上游」，仍是系上某些教授們念茲在茲的議題。

真正有意義的指標

記得在第一次教授會議上，教授們對新上任的我提出多做公關的要求。他們的論點是UCLA的電機系在發表研究論文的 h-Index 上排名世界第一，即便如此，電機系的一般排名始終在十名上下，無法突破。

h-index簡單來說，是一個研究者或一個研究單位在過去一段時間內，至少有「h篇論文被引用達h次以上」的具體數量。這個由物理學家海奕施（Jorge E. Hirsch）提出的評鑑概念，在二〇〇五年被納入世界大學科研論文質量評比計畫的辦法中，h-index似乎較其他的KPI（Key Performance Indicators）更能同時呈現論文數量與影響力，是一個比較平衡的論文質量統計指標。

單看h-index的表現，UCLA電機系可是榜首，麻省理工學院、史丹佛大學和柏克萊加大電機系都還排在UCLA的後面，但如果再看校系聲望排行榜，我們卻落在第七、八名，為什麼有這樣的落差？

某教授提議：「系上研究做得那麼好，就只差宣傳了！主任是不是編列一些公關經費，安排一些宣傳活動，讓學術界、產業界、經理人對我們的印象更深刻？」

我覺得公關不是良策，需要進一步地探討校系的聲望究竟是如何得來。

聲望排行榜是對各校院系主任發放調查問卷，問他們認同的前十所大學是哪些？於是我請祕書（美國長大的林佳蓁）收集由此法選出的前二十名大學電機系的教授資料，並針對他們的博士學位母校做了統計：果然，八百多個教授中，最大宗的是「MIT幫」，共有一百三十多名教授的博士學位取得於MIT，其次是「柏克萊幫」和「史丹佛幫」。

這項統計結果，和校系聲望排行榜上的名次幾乎吻合，至於UCLA電機系，的確還得加把勁，這也印證了我的想法——花錢做公關與宣傳，絕對不是提高校系在學術圈影響力的首選。能孕育出越多高教人才的大學，越受到學術界的認同和讚譽。

我將這份統計資料與系上的教師分享：「公關和宣傳彷彿放煙火，只能維持短暫的印象分數，最重要的，還是讓我們的學生開枝散葉，發揮長久的影響力。」我說：「如果各位教授，都能把你們最優秀的學生，推薦到最頂尖的學術殿堂擔任終身教職，才能深遠地累積一個學校的聲譽和影響力，這就是大學的『學術傳承』（Academic Legacy）啊！」

偉大大學須如伯樂識千里馬

大學的終極價值是人，我讀過台大、清大、交大三所大學，也期盼母校都成為偉大大學。我心目中的偉大大學必須能做到三件事：辨識人才、挑戰人才並且預備人才。

偉大的大學必須能如伯樂，識得千里馬。對於進入大學的年輕人，我一向提醒師長與父母，千萬不要稱呼大學生是「小朋友」，他們都是頂天立地的青年。看看歷史上有多少二十幾歲的年輕人，在他們的大學階段，便已經做出驚豔世界的貢獻，甚至是改變人類生活的大事？所以不可以小看年輕人，以及他們無限可能的心靈，師長要做伯樂，識別這些千里馬。再來，師長要給年輕人高遠的挑戰，訓練他們跳脫框架，勇於定義問題，做顛覆性地思考，並培養他們解決問題的能力，找到讓人類社會進步的答案。

當年，我的研究團隊在洛克威爾科學中心，進行異質結構雙極性高速電晶體（HBT）與其積體電路的研究與開發，後來我們的團隊與高通（Qualcomm）合作，為他們的CDMA即碼分多工的手機製作HBT線性功率放大器，我進而得知高通公司創辦人雅各布（Irwin Jacobs），有一段差點被埋沒、幸虧遇得伯樂慧眼識英雄的求學經歷。

餐廳老闆或無線通訊先驅者

雅各布在高中時，便展露對科學的喜愛，他的成績很好，數理表現尤其優異。申請大學時，高中老師和他討論申請學校的策略，雅各布很確定自己熱愛數理和科學，但在一九五〇年代，雖然蘇聯發射了第一枚人造衛星，將資本主義與共產主義國家的競爭推向白熱化，但地球上還沒有網際網路，在民間連電話都是奢侈品，更別提智慧型手機這種「科幻產物」。

老師得知雅各布的父親在麻塞諸塞州經營餐廳，建議他申請康乃爾大學的旅館管理系，以便未來接管家族事業。雅各布聽從老師的建議，申請上康乃爾飯店管理系。大學時，他照樣拿很好的成績，卻感受不到學習的樂趣與成就感。有一天，主修化工的室友嗆他：「你如果念的是理工，才不可能拿這麼高分！」他再也按捺不住，開始到電機系旁聽課程。

課堂上，雅各布比主修的同學更專注，下課後更是追著教授討論。康乃爾大學電機與資訊工程系的教授伊斯曼（Lester Eastman），他原是交大老學長王兆振教授的博士生，後來成為合成半導體材料、高速電路的權威。他很快注意到這位學生，程度比其他主修的學生好，對半導體更有源源不絕的熱情，但主修的是八竿子打不著的旅館管理。

伊斯曼與雅各布常常在課後談天，不只討論課程內容，也聊雅各布的夢想，伊斯曼鼓勵雅各布勇敢追尋自己的天賦與熱愛。

在伊斯曼的鼓舞下，雅各布改為主修電機。康乃爾畢業後，雅各布在MIT取得電機碩士、博士學位，後來他和幾位夥伴創辦高通公司，掀起碼分多工的無線通訊的巨浪，改寫了人類通訊與生活的方式。

雅各布談起這段誤入歧途又逃出來的過程，總是對伊斯曼感恩再三，日後，他每年回康乃爾時，都會去看伊斯曼教授。我心想，這位通訊界的奇才如果沒遇上伊斯曼，而是成為家族事業的繼承人，會是何等地寂寞呀？伊斯曼獨具慧眼，改變了雅各布的人生，也實踐了所謂的「學術傳承」的精神，這是所有教育者應該努力的目標！

別用爬樹的能力衡量一條魚

愛因斯坦曾說過：「每個人都是天才。但如果你用爬樹的能力評斷一條魚，它將終其一生覺得自己是個笨蛋。」我認識一位熱愛攝影的年輕人，他遵循父母和師長的期待，進入大學電機系。他盡力修課，但也持續攝影、創作，得到許多獎項的肯定。大學畢業後，他進入知名企業擔任工程師，卻在工作兩年後，更加確定自己志不在此。在一次公司組織調整的機緣下，他離開眾人期待的軌道，投入自己熱愛的影像創作，日後成立個人工作室，成為自己的伯樂。

在我們的社會，不乏這類的故事。當年輕人的最佳潛質無法發揮，卻得拿出自己較平庸的一面與人競爭，不論對個人、對社會，其實都是一種巨大的損失。

如果大學能充分辨識人才，讓優秀的年輕人，到世界各地最前沿的學術殿堂做研究、教學，或是讓他們進入最能創新的企業工作，甚至是創業、實現自己的夢想，在學術圈、企業界或各個領域大放異彩，形成「交大幫」或「某大幫」，這才能最根本、深遠地提升一所大學的影響力。

3-3 挑戰人才與預備人才

在偉大大學中，伯樂不僅要辨識有潛力的千里馬，還要給予足夠的挑戰，激發他的潛能，將其培養為名副其實的千里馬。這不只教師需要投入相當心力，學生更要有接受「千里馬特訓」挑戰的企圖心。

尋找失敗的機會

在科技部的計畫下，國立交通大學要執行 3 D 網路構成的智慧校園的前瞻研究，在科技部審查交大的書面企劃時，審查委員提出了一個問題：「一般的大聯盟研究項目都是廠商引導大學，交大這次怎麼反過來，由大學引導產業？」

台灣社會普遍認為，要弭平「產學落差」，應該由產業領導學術發展，讓大學來解決企業現有的疑難雜症，這樣年輕人去上大學才算是「學以致用」。然而，高等教育的任務應該劃分清楚，解決產業界現行的技術需求，應該是技職大學的強項與目標，交大身為研究型大學，應該要有先驅者精神，能夠發明未來（Invent the future）、定義未來的技術需求和科技發展方向。「學產落差」是理所當然，也就是學術要走在產業前面。

要促成和實現「學產落差」，是我當校長和計畫主持人的一大挑戰！在這項前瞻研究企劃中，交大集結了六十名教授、兩百位學生共同合作，是建校六十年以來最大規模的跨領域專案，我因此對科技部的審查委員答辯：「大學若不走在產業之前，怎麼培養出未來的先驅者和領導人？交大身為國家研究型大學，任務是發明未來的產業，我們要學習面對更高的挑戰。」

「如果失敗了，怎麼辦？」評審委員問。

「請給交大一個失敗的機會！寧可讓交大失敗，不可讓台灣失敗！我們過去科技部的研究計畫，都號稱十分成功，但台灣並不成功。我們應該深切反思！」我告訴評審委員，比起年輕人出社會後再嚐到失敗的滋味，不如從大學校園就開始挑戰更高遠的目標。

讓學生實地動手

在台灣，開口閉口就有人批評他人「你這個東西做不出來」，怎麼會這麼沒自信呢？這和美國的氛圍很不一樣。我在美國工業界服務後，真正感受到「心想事成」是什麼情況，只要有技術、有規劃、有決心，沒有東西是做不出來的。我曾服務的美國公司洛克威爾國際（Rockwell International）公司最先建造太空梭（Space Shuttle），之後又製造全球定位系統（GPS），而由我所在的科學中心研發HBT異質結電晶體的放大器，沒有一樣不是徹底成功而且量產。但這樣的心想事成，它成功的基礎不是空談空想的小確幸，而是實實在在，劍及履及，詳實計畫跟執行。不僅需要理論紮實，還要能夠實創實作，如期完成。

「我們那個時代流傳：『物理理論學不好的人才去做實驗，因為做實驗根本是做苦力。』其實剛好相反，實驗要頭腦最好的人去做，才會找出新的方法。」同樣是台大物理系教授鄭伯昆的高徒、中央研究院原分所研究員汪治平回憶自己國中、高中時期，全校只有一兩台顯微鏡，而且參數、載玻片等等都是老師設定好的。為什麼不讓學生動手？因為學校擔心學生弄壞器材，恐怕沒有經費再添購新的，所以對這些器材相當保護，實驗變成老師做好，學生到講台前看一下了事，「這和上網看教學影片有什麼不同呢？不能放棄基本的動手訓練，這是科學精神的根本。」

國家同步輻射研究中心研究員、曾經與鄭伯昆老師合作研究計畫的詹智全博士，在他從碩士升博士班時，曾和鄭老師一起做過實驗。「鄭老師要我去做一個調節的氣瓶，我的直覺是，買幾個量計兜一兜，就足以交差了！結果不是，鄭老師叫我從頭到尾自己做，我聽了臉都綠了。」鄭伯昆老師的實做精神，詹智全至今都還記憶猶新，「鄭老師都是這樣要求，他也以身作則，老師帶頭動手做，學生看了也都會自己動手。」

即使鄭伯昆老師退休、成為榮譽客座教授後，還會去看每一個實驗，這樣的身教讓我們這些學生非常敬佩！「現在常常在喊創新，但我認為學生要有八十%到九十%的實地動手經驗，創新自然會出來。」詹智全直言，當實際動手後，就會了解原理，然後要進行改良或創新時，就會有不一樣的想法。

仔細回想，我們當年在台大做物理實驗時，鄭伯昆教授就是設定了高遠的目標，幾乎以諾貝爾級難度的實驗課，激發我們最大的潛能，讓我們提早體驗做 open-ended 實驗的挑戰。

先修系統類課程，見樹又見林

許多大學生質疑，微積分、工程數學、物理學、統計學等工具性的科目十分枯燥，大家拚命寫習題，卻不知道學這些東西有什麼用？當人感到迷惘，就不容易真正學習吸收，把一種工具理解得通透。大學的時光過得很快，大一沒有打好基礎，到了大三大四接觸更深入的專業科目後，往往左支右絀，想回頭彌補當年見樹不見林造成的問題，很可能來不及了，或錯過最佳時機。

為了改變這樣的問題，我要求交大理工科的學生，要在大二先修「信號與系統」，而這門課原本是大四的課程。

這樣的調度自然有人質疑，大二就「越級打怪」挑戰大四的內容，不怕揠苗助長嗎？我的看法是，系統與信號是所有自然科學和科技系統產物中，最不可或缺的基本訓練，當學生走進這片知識森林後，就會發現構成森林的是工程數學、電磁學、力學、光學等等各式各樣的「學問樹」。有一個更大更明確的終極目標在眼前，學生便能理解工具性科目的重要性，不只更懂得把握這些基礎學習，還能進一步使用工具去解決問題。

建立學生的自信心

挑戰更高遠的目標成功後，就會建立強大的自信心。記得我在UCLA電機系任教時，日本的大型電子公司會出學費，派遣他們優秀的工程師來系上參加短期研究。我很欣賞這些日本工程師，他們做事兢兢業業，程度也非常好。他們常自願參加研究、分享業界經驗並指導博士生。這讓我很好奇，日本公司派他們來的目的到底是什麼？

派他們來充實所學嗎？他們已經非常優秀；讓他們來練習英文的嗎？或許這是一個附加優點，但要練習英文，日本國內也有很多方便的管道與教材，增強語言能力不該是主因。最後我得出結論，來與一群世界各地來的優秀人才交流，就會發現「自己也一樣優秀」！從而產生自信心。

日本國內的社會氛圍壓抑，想要順利生活、工作往往必須從眾，或是加入特定的小團體，當人群中的出頭鳥可是大忌諱，所以普遍不敢表現自己。但是美國不一樣，對較內向的日本人而言，要在眾人面前展現自己的才學，算得上是一種挑戰！美國的環境敬重勇於表達的人，大家會傾聽你的想法，你的想法有見解，就會得到熱情的回饋，這樣的正面循環，讓日本工程師有自信起來，把握短期進修課程知無不言、言無不盡，讓我們雙方都獲益良多。

現在，我要把「心想事成」的美好體驗帶給台灣的大學生，我們從實地動手、系統性學習開始，挑戰更高的目標，在一次又一次的潛能激發中，建立起自信心、勇氣與膽識，我們一定能同行致遠。

3-4 培養能力之一：批判性思考

在今天這個瞬息萬變的時代，大學要培養學生哪些能力？我理想中的大學教育要具備以下特質：一、批判性（to be critical），培養學生批判性思考的能力；二、開放性（to be open-ended），培養學生面對真實世界的能力；三、創造性（to be creative or innovative），培養學生富有創造性的思維；四、系統性（to be systematic），培養學生掌握系統性工具的能力。

我曾經對學生說：「到我的實驗室，你以為是來做晶片設計嗎？如果你這樣想，那你最好離開這裡。」我認為做研究絕對不等於只學一個技術，工程師乃至於百工百業，其實都是在解決人類面對的各種問題。我認為大學教育的核心精神，是訓練學生如何思考，並能定義及架構何者為值得解決的問題。

什麼東西有價值？什麼東西沒價值？如何選擇有價值的東西？這是一個進階的哲學訓練，要鍛鍊批判性思考的能力，就先從精準定義問題著手！

強化定義問題的能力

台灣各界都大聲疾呼大學生要「創新」，才能維持台灣的競爭力。問題是，我們的年輕人真的不會創新嗎？真的沒創意嗎？

有趣的是，英文的 Creativity 與 Innovation 都被翻譯成「創新」，但兩個字的意義其實並不同，Creativity 是從無到有的程序，Innovation 是從有精進到更好，前者我稱為「發明」，後者則是「精進」。我覺得台灣大學生在解決既有問題上的能力還算不錯，但對未定義的問題比較沒有想像力，長期「只學答，不學問」，欠缺定義問題的訓練，所以要改良一樣東西時，反而不知道如何入手。

以通訊為例，從早年掛在牆上的撥接式電話、簡單型手機到現在的智慧型手機，就是一個又一個精進的過程，不是一次發明能夠達成。改良需要由無數的創造支援，蘋果的賈伯斯其實沒有發明過東西，他都是精進既有的產品，很精準地直指問題，抓到消費者的心。

假設現在一支手機的總利潤是一〇〇％，蘋果其實分配到一〇四％，甚至都超過了一〇〇％，這意味著蘋果下單的零組件廠商合計虧損四％。所有的利潤都被蘋果拿走了，為什麼會這樣呢？根據宏碁集團創辦人施振榮學長的「微笑曲線」（Smiling Curve）理論可以解釋，微笑曲線的縱軸是附加價值，曲線的左、中、右段分別是專利技術、組裝製造、品牌服務，台灣最擅長的生產製造，剛好是附加價值最低的。

台灣不是缺人才，而是將許多人才填入附加價值最低的微笑曲線中端，等於把精銳部隊派往不可能致勝的戰場，這就是沒有釐清問題癥結，胡亂投醫。

康莊大道 vs. 另闢蹊徑

古人常說做學問很孤寂，我認為這份孤寂有兩個面向。第一，不能跟著別人走，要開創自己的道路；第二，當眾人在一個火紅的領域下競爭時，反而更該及早脫離，換句話說，如果全世界都在做同樣的東西，表示這個產業已經太成熟，研究很快就會遇到瓶頸。

億萬富豪洛克斐勒有一天在紐約街上讓鞋童擦皮鞋，這位鞋童對他說：「洛克斐勒先生，我也買了您的股票！」本來是一句恭維，在洛克斐勒的思考邏輯中，卻得到迥然不同的結論——資本市場過熱了！連一名無法受教育、必須工作維生的擦鞋童，都可以在股票市場玩投機遊戲，賭博般地押上自己辛苦賺的血汗錢，這表示美國股票市場的泡沫快要破滅了。所以回家之後，洛克斐勒馬上把所有的股票出清，結果這位孤寂的大亨，在大崩盤時存活下來。

做研究也是同樣的道理，要有批判性思考的能力。我個人不喜歡走別人走過的路，所以在美國產業界時，我沒有繼續研究矽基微波電晶體，而是投入了當時新材料砷化鎵電晶體的研究。從事後諸葛的角度來看，砷化鎵電晶體成為智慧型手機發射端的關鍵零組件，手機尺寸和形式不斷演進，裡面的矽基積體電路線寬越來越小，發射機砷化鎵的材料則是一直沒變，做先驅者才能挖得寶藏。

哥倫布發現美洲新大陸後，凱旋回到西班牙，國王的慶功宴上，有人質疑他：「你只不過一直把船往西邊開，不就到了嗎？」這時候，哥倫布拿了一個雞蛋，要對方把蛋立起來，結果那個人表示做不到，於是哥倫布把蛋底打扁，蛋就站起來了。

打扁蛋就可以讓蛋站直起來，為什麼不這樣做？多數人看到一顆蛋，就被完整的蛋殼限制住，不敢打破它，也不想承擔打破蛋殼的風險，但先驅者一定要有承擔風險的勇氣。

拿出勇氣，承擔風險

在洛克威爾科學中心時，我的團隊研發的砷化鎵電晶體能夠從實驗成果走向商業化量產，也是一個「現代哥倫布」的故事。

當年高通公司創辦人雅各布看準了行動電話與無線網路的未來，開始在美國募資，但不甚順遂。雅各布於是周遊各國，他曾與許多出身台灣清大與交大的優秀研究人員共事，所以雅各布第一站就叩關台灣，遊說政府投資高通。

台灣社會從以前到現在，都太講究安穩與固定的報酬，非常害怕承擔風險。雅各布的提議被經濟部推到交通部，交通部又將燙手山芋丟回經濟部，眼看再拖下去沒完沒了，雅各布便前往南韓，得到南韓政府的鼎力資助，也讓南韓科技業搭上數位經濟轉型的浪潮。

當時高通苦無功率適合的功率放大器發射器，得知我的團隊在洛克威爾科學中心開發砷化鎵電晶體，便試下訂單要做六顆。我們的研究員額手稱慶，幸好不是訂購六百個，六個還可以用手工焊接出貨，結果高通一試而成，成為最大主顧，隨即要求我的團隊進行技轉生產。

高通那時不過是名不見經傳的公司，加上技轉的風險很高，可能耗盡心力也成不了大功，多數都是灰頭土臉地宣告計畫失敗。美國出生的研究員們並不想離開環境優雅的洛克威爾科學中心，於是我就帶著台灣留美的研究員團隊（清大校友何武進和交大校友祁幼銘）去做技轉。

回想到開始時兩個月只做六顆電晶體，現在一年要做九十億顆，我們為洛克威爾創造了大筆的收入！

除此之外，我的團隊也在洛克威爾創下「技術自行研發、技術成功產業化、成立新創公司、公司經營獲利」的一條龍紀錄，至今還是紀錄的衛冕者。當高通成為無線通訊霸主，也帶動南韓3C品牌廠的榮景，我卻有點唏噓，如果當年台灣更多一些創新思考的力量，精準定義國家產業面臨的問題，或許就能另闢蹊徑，讓台灣通訊產業的發展跑在南韓之前。

逝者已矣，來者可追。現在我擔任國立交通大學的校長，希望在台灣的高等教育中培養學生批判性思考的能力，讓我們的大學生未來在面對困境時，能夠精準定義問題，創新地找出辦法，另闢蹊徑，並且拿出勇氣、承擔風險，為台灣開創光明的未來。

3-5 培養能力之二：面對世界的開放性

大學教育原來的立意是個「終點教育」（Terminal Education），接下來無論從事學術研究、進入業界，或是自己創業，都必須在大學階段奠下基礎，做好準備。因此學習的重點，不論是實驗或專題，最好具有「開放性」（Open-ended）。

什麼是「開放性」？它的特徵包括：問題不限制範圍，讓學習者自行定義實驗。往往越是開放性的問題，就越困難定義，且衍生的細節也可能跨越眾多領域。這就是真實世界的樣貌。

沒有標準答案的真實世界

離開學校，踏入社會，每個人都置身於全然開放的情境中，不會有人給我們出考題，而是自己要嘗試去定義問題、架構出問題的範圍，然後才是解決問題，並且擬定各種可能的執行方向，一切都要靠自己想辦法搞定！

我回想起念台大時期，鄭伯昆教授帶領我們做的開放式物理實驗，古典諾貝爾級的題目（例如「法蘭克赫茲實驗」〔Frank-Hertz Experiment〕），加上簡陋的實驗條件、老師的嚴厲要求、付之闕如的實驗設備……，都讓實驗充滿了開放性與挑戰。許多年後我才發現，當年的實驗深刻地烙印在腦海，實驗的裡裡外外早已通透。因為自己動手探索每一個細節，我們學會的不僅是實驗本身，還有高強度的思考與行動方式。這個過程非常接近真實世界，永遠是開放的，沒有界線，而且充滿未知。

其實，無論大學時期念的是人文、科學、商業或工程科學，駕馭一個開放性的問題需要的能力是相通的，包括定義問題、架構範疇、深度與跨領域思考、協調溝通、領導與大型任務的執行力等等。因此，在大學從商學院的專案、人文學院的專題，到理工農醫科系的研究與實驗，都需要具備處理開放與複雜事務的能力。

開放的態度

在二十一世紀從態度到制度，「開放」也是不可或缺的一件事。在我通過教育部國家博士的口試後，陳茂傑教授建議我出國，當時美國正面臨能源危機，民主黨的卡特總統大力支持替代能源。我申請到ＵＣＬＡ太陽能電池相關領域的博士後研究，心情其實是十分忐忑不安的，畢竟親戚朋友都擔憂：「你這種土博士，有人會承認嗎？」

我自己也不清楚，在洛杉磯把中文的中華民國國家博士證書，呈交到ＵＣＬＡ辦公室，負責的行政人員只說了一句：「Oh! Very good!」就簽核通過了，一點也沒有質疑我的證書和學歷。

這件多年前的小事，卻帶給我很大的震撼，就像是美國的法律系統，把每個人都視為好人，如果某個人有做壞事的嫌疑，也要等到司法判決定讞，才會認為這個人是罪犯；而台灣的系統剛好相反，先預設所有人都是壞人，注重防弊勝過興利。

在我要接任國立交通大學校長時，也詢問了許多我自己教育的台灣留美博士，問他們願不願意同我回家鄉打拚，他們都很想為自己的國家做些什麼，但一聽到台灣教授的薪資行情，立刻就打退堂鼓，留在美國任教的薪水是台灣的四到五倍，國際交流的機會也遠遠超過台灣，有不少人感嘆：「台灣的高等教育環境不夠開放！」

台灣要孕育偉大的大學，不是訴諸「愛國心」就能解決，必須從制度面著手，比起關起門來衝論文數量，實質的鬆綁與心態的開放更為重要。

彈性薪資、提前聘用

台灣公立大學的教職員就像公務員一樣，薪資有公訂價，助理教授月薪約六萬元、副教授八萬多元、教授十萬多元，要負責教學、研究、爭取計畫經費等等，工作十分繁重，加上要因應教育部頂尖大學計畫、科技部專案計畫、產學合作計畫等評比，量化式的教研指標，更是讓教授與研究生們疲於行政工作。

近年來，港澳、星馬、中國大陸不斷挖角台灣的知名學者，連沙烏地阿拉伯都以台灣五倍的高薪搶人，光是國立台灣大學這兩年來，就有十幾名教授被外國大學延攬走，這也意味他們的研究團隊和技術能量都到國外去了。

交大已計畫募資，每年聘請三十五位青年講座教授，讓助理教授月薪可以加倍。台大也祭出類似留才大作戰，幫教授們加薪，再加碼包辦住宿，且提前兩個月先發聘書，減少等待期，希望用彈性薪資當籌碼留住人才。

我們要用行動證明，台灣也可以延攬優秀人才，不只支付薪水，也支持研究經費。

台灣產學合作應實質開放

台灣社會也常常自問，各大學爭相成立育成中心，大力鼓吹產學合作，為什麼我們的新創事業依舊沒有重大起色？為什麼沒有國際級的顛覆性創新出現？

借鏡新創事業最有效率的美國，將新創公司股票分為優先和普通兩種。以每股極低價格（0.01 cent 或 0.001 cent）將普通股分給技術提供者，不只當時不必課稅，而且鼓勵教授可以留職停薪開創新公司，不限制持股比例。在台灣，許多教授擔心去了業界之後，因為沒有時間繼續發表論文而回不了學術圈，所以一聽到創業開公司，多半就打退堂鼓，寧可把技術轉移出去。

因為法規的限制，台灣與國外大學對產學合作的觀念差很多。台灣大多只做技轉，把開發的技術轉給別的公司使用，學校只收技轉金或權利金。相較之下，美國的大學並不注重技轉，而更鼓勵教授與學生取得學校授權（license），留職停薪自己出去開公司，讓大學也能分到公司股份，達成大學和團隊的雙贏。

最近台灣政府雖然放寬《科學技術基本法》，但仍限制教授在公司的持股比例，也不能當企業負責人，這其實是有待商榷的。台灣還是太多「防君子不防小人」的限制，我誠心建議主管機關應盡速修改《公司法》與其他相關法規，來達到實質的開放。

一所想要培養未來領導人與先驅者的偉大大學，產學鏈結的目標應是自創產業，定義未來的市場，或協助既存公司創新事業，而不是去填補現行生產線的空缺。

開放心胸，走向世界

許多年輕人問我：「我應該出國嗎？還是留在台灣？」大家對這個島嶼之外的世界有所嚮往，卻又不敢邁開大步走出去，「出國花錢又艱苦，但是在台灣沒有什麼好機會……」

當年無論在台大物理、清大材料、交大電子系所，我都是同學中最晚出國的，理由無它，就是待在台灣很舒適，年輕人這份糾結我完全理解！所以我十分感念恩師陳茂傑，大力鼓勵我出國增長見聞，也讓我體會到偉大大學的開放精神。

再者，一個「近親交配」（inbreeding）的架構很難有所擴展，不但難以擴展，也沒有學術傳承可言。我一位從UCLA畢業的優秀學生，系上另一位教授很想建議留用他做助理教授，便來找我商量說：「他比目前面試的所有外來候選人都傑出，我們應把他留下來。」

聽到有人這麼肯定我的學生，做老師的自然得意，但我說：「別把學生留在系上，與其花力氣留他，我們也可以花相同的力氣，把他推薦去史丹福或柏克萊任教！」

優秀的年輕人獲得學位後，做老師的千萬不要強留他，因為讓學生出去闖蕩，更能增值雙方的經驗與學術傳承，留下來就只能待在既有的保護傘底下。

近年來論文造假的風波頻傳，外界也很好奇，為什麼沒有一個人站出來制止？原因不外乎系所裡面全都是「自家人」，保護傘下近親繁衍，沆瀣一氣，原本優秀的人才就此糟蹋，這是多麼可惜的事！

閉門造車不會有進步，一所偉大大學應該在制度與精神層面都全面開放。我心目中最好的高等教育，就是把這套教育體系所培育出來的人，推到世界的舞台上，讓他們在國際級的場域發光發熱，有一天他們會飲水思源回到家鄉，把更豐沛的知識和經驗回饋故土，讓更多後起之秀將開放的精神傳承下去。

3-6 培養能力之三：創造性思維

大學教育要培養出富有創造性思維的人才、有新穎想法與創意的發明開拓者，在教育方法與方向上，「創造性」的啟發不可或缺。但現在台灣的教育，還是太偏重單向的授課，為了塞入大量課程內容，老師講、學生背，甚至沒時間讓學生動手做。學校欠缺給學生發現、分析、定義、架構及解決問題的訓練，卻要求長年接受學答模式的學生會做學問，出社會後能創業創新，不是緣木求魚嗎？

要如何創造性地啟發學生？我先不援引「國情不同」的先進國家例子，就回到一九六〇到一九九〇年的台大物理學系，這是鄭伯昆老師在台大物理系的任教期間，我記憶猶新的近代物理實驗課。

當時國際情勢緊張，台灣社會也在動盪與轉型中，高等教育的預算十分缺乏，在買不起昂貴實驗儀器的情況下，鄭老師訓練我們以自行製造的方式進行實驗，並讓這些實驗器材、報告等軟硬體「一代傳一代」，每一屆學生都能參考學長學姊的經驗，逐漸改良儀器設備與實驗方法。

國立台灣科學教育館推出「自造我們的科學時代——台大近代物理學生實驗室」特展，根據相關一系列影片紀錄，鄭老師從小喜歡動手做東西，因為「愛玩」，曾把妹妹的玩具拆開結果裝不回去，日後奠定了他對做實驗的熱情。在去美國留學之前，他就認為台灣學生為了應付考試，已經背誦太多東西，進入大學後，更需要的是從實做中學習。

創造性啟發第一步：讓學生自己提計畫

實際動手不是拿了器材就開始盲目地敲敲打打，鄭老師會給學生一個大範圍目標，要求大家必須先提出一份完整的實驗計畫書。這份報告有三次過稿機會，第一次老師快速瀏覽過，如果發現學生不清楚要幹什麼，或在計畫上有含糊之處，就會把報告退回，要學生補充清楚再交，但如果被退回三次，就要重寫了！

每一項實驗都從寫報告開始，讓學生在實驗之前就釐清原理，並且對流程、操作步驟與實驗儀器的使用方法有基本的認識。三、四十年前ＩＣ剛問世，鄭老師發給學生們晶片，課題就是製作環形計數器，通電後要讓紅色、藍色、綠色的ＬＥＤ燈依序亮起，這個看似簡單的裝置，實地動手才發現有許多竅門。

那時還沒有可以插零件的電路板，必須用化學方法去蝕刻出凹槽，所有的線路要自己設計、自己焊接。焊錫這件事說困難不困難，但要做得漂亮，也絕對不簡單！在「自造我們的科學時代」特展系列影片中，鄭伯昆老師的高徒紛紛回憶起當年的情況，例如台灣大學副校長張慶瑞說：「一開始常常出狀況，藍色的電容器元件如果正負極接反了，電容器就會爆炸，爆炸聲比大龍砲還要響！」

創造性啟發第二步：資源有限，問題自己解決

電容器內部的材質是紙張，燃燒起來後就散發出一股異味，聞到那股異味，就代表問題來了。鄭老師發給學生基本的材料後，便不會再補充，一旦學生燒壞實驗器材，得自己想辦法。

那個年代實驗零組件，買不起的自己做，做不出來的才去買，同學都去中華商場掏寶。一九九〇年後出生的朋友，應該沒有見過這棟緊鄰西門町、曾為大台北地區規模最大的公有綜合商場。

當時電子零件的二手貨，都是台灣拆船業資源回收先進國家的廢棄船隻，在拆解後分類取得的，裡面很多黃金一樣的先進電子零件。以電阻而言，當

時台灣自製的炭頭電阻，誤差是十到二十%，但是進口的精密金屬皮模電阻誤差只有一%。

交通大學電子物理學系教授溫增明，也是鄭伯昆老師的高徒，在清華大學物理系念到大四時，選修了鄭伯昆和劉遠中老師合開的近代物理實驗，他被功力深厚、態度嚴謹的鄭老師感動，「我是為了跟鄭老師學習，才去台大做實驗。」在交通不便的年代，溫增明新竹台北兩地跑，他回憶起當年去中華商場搶購儀表板需要的精密電阻，卻一點也不覺得辛苦，「我心目中做實驗就是要這樣做，因此立志成為和鄭老師一樣的實驗物理學家。」

另一位師出鄭伯昆老師門下、東吳大學物理系助理教授吳恭德表示，中華商場掃貨激烈，有時候需要的實驗材料沒了，學生不只去玻璃工廠、液態氮工廠和金工廠自己做，甚至直接到高雄與基隆的拆船場，向資源回收業者購買。

創造性啟發第三步：認真指導、提高標準

一個學期過後，學生們把作品交給鄭伯昆老師，張慶瑞教授還記得，第一關就是測試牢固性。鄭老師收到學生作品的第一個動作，就是往地上一丟，但是焊接的路線可能動一下就斷裂了，學生必須做到讓鄭老師摔不壞才行，如果環形計數器的LED燈可以正常運作，這門課才算是通過了。回想當年我自己與同組同學一起製作的放射能探測器，也是挺過鄭老師的大榔頭敲打，還沒有壞掉的！

鄭伯昆老師並不是只給學生「製造難題」，他也十分關注學生有沒有遇到困難，需要他點撥一下。

同樣師出鄭老師門下、義守大學電子工程學系教授萬裕民，回憶自己在做放大電路實驗時，都會做到晚上十一點過後，鄭老師沒有放著他自己回家睡覺，而是開門進實驗室，問他遇到什麼問題？「給鄭老師一指導後，我馬

上就發現問題出在哪裡。」萬裕民說。

鄭伯昆老師嚴格地要求學生，也以身作則示範什麼叫「嚴謹的實驗態度」，日後我在業界、學術界、研究機構中，都不時巧遇被鄭老師「荼毒」過的老同學。聊起物理實驗課的往事，以及我們如何上窮碧落下黃泉去達成鄭老師的要求，真是三天三夜都說不完，唯獨當年的咬牙切齒，現在都變成滿滿的感恩。鄭老師的創造性啟發，不僅教給我們遠遠超乎課本上的知識，鍛鍊紮實的物理實驗能力，也在我們的個性中建構出不屈不撓的基因。

鄭伯昆老師的實驗室裡面有一堆半成品、拆船零件與自製的設備，這些看起來非常簡陋的器材，當廢棄物賣可能不值得幾個錢，但其中蘊含的啟發精神，卻是無價的。重要的不是有沒有昂貴的儀器，而是對物理原理和對儀器運作的掌握。同為鄭老師的得意門生、陽明大學生醫光電研究所教授高甫仁說：「訓練一名物理學家與實驗工作者，絕對不是用按按鈕的方式。」

在大學重現自造與創造的精神

時過境遷，那些年學生去採買實驗器材的中華商場，因應市地重劃與捷運施工，在一九九二年十月底被拆除，成為現在西門町林蔭大道的一部分。即使年輕時經常光顧的地標消失了、鄭伯昆老師也已經從台大物理系退休，但他給予學生的創造性啟發、高強度挑戰，並在開放的情境中，學習定義問題方向與架構問題範圍，已經為我們打造一個偉大大學等級的學習環境。如今鄭老師的學生們已在台灣社會各界生根茁壯，將這份精神繼續傳遞下去。

世界級創新的Google、Facebook、蘋果公司為什麼不出在台灣？許多人問過這個問題。

過去數十年，台灣的電子代工產業興盛，連帶教育體系也培養出大量代工型人才，這群人聽話、服從、遵守SOP，習慣做好自己的事情，並去解決老闆與客戶提出來的問題。年輕人的創造力與獨特性格，常被環境氛圍削邊去角，反而盡全力變得和其他人一模一樣。

在鄰近國家也依循代工產業崛起後，以便宜的勞力、優惠的能源或廠房來吸引投資，此時台灣的產官學研各界，應該努力打造一個鼓勵「創造性心態」的環境，來面對迫在眉睫的挑戰。

具備創造性思維的人，有獨立思考的能力，而獨立思考的基本元素，就是「不一定聽話」。我不是鼓吹年輕人為反對而反對，而是他們即使「聽話、服從」，也是獨立思考判斷後的結果。我們應該讓學生練習在校園中對遠大目標做計畫、克服資源有限的挑戰，並在老師的指導下，通過高標準的測試，啟發年輕一輩的自造、創造、不畏困難的精神。

3-7 培養能力之四：掌握系統性工具

有一回，應邀參加某頂尖大學校務諮詢委員會，當議題進行到了Liberal Arts，同為諮詢委員、某國際公司且為全球產業所尊重的董事長，忍不住問了大家的看法：「這個Liberal Arts，究竟是誰翻譯成『博雅教育』的？」這位董事長又說：「無論是誰，這個人想必是Anti-Liberal Arts（反對Liberal Arts）的人吧！」

聽了這位董事長的話，我衷心地表示贊同。以字面上的意義來說，Liberal Arts是「使人學得追求真理的方法，從而得到真正的自由」，如此具有批判性與創造性本質的教育，卻被安上一個「博雅」的名稱，實在是個誤解。

讓人自由的教育

Liberal Arts源自古希臘，指當時公民所需的三種基本教育：文法、修辭、邏輯。到了中世紀再加上算數、幾何學、音樂與天文學，通稱為自由七藝（Seven Liberal Arts），目的是透過這七種技藝，使人具備生活上得到自由的能力（而非特定領域的「專職」知識），並提升一個人對自我、對世界的認知。

在西方的觀念中，獲得自由是人生動力的來源，包括學術和精神上的自由。我認為Arts指的是技能（skills）與工具（tools），一個人習得如何使用工具後，就能成為揭示真理的自由人，不少美國知名大學的校訓就是「真理讓人自由」（The truth will set you free）。

其實不只西方有自由七藝，中國古代也有孔門六藝（禮、樂、射、御、書、數）。從東方到西方，從古代到現代的大學校園，也許學科內容隨著時代改變，Liberal Arts始終具備「工具」的特質。在UCLA任教時，每回到學校的羅伊斯禮堂（Royce Hall），看到橫跨講堂上方的巨大拱架上有一句話，出自大學共同創辦人恩尼斯特・摩爾（Ernest Carrol Moore）：「教育是學習如何使用工具，人類早知此不可或缺。」（Education is learning to use the tools which the race has found indispensable.）我深感認同。

教育上，我深信就是學用工具並創造新工具。因應時代需要，新工具的學習必須與時並進。二〇一六年開始，交大推出《「CS 交傲」通識課程》（CS 指 Computer Science，資訊科學），涵蓋容易入門的高階程式語言。交大學生無論本科系是什麼，畢業前都要完成《「CS 交傲」通識課程》的修習。

電腦是現代生活與職場的必備工具，在許多美國的小學中，Scratch 程式語言都已列入課程。例如由義大利人開發的 Arduino 人機介面設計平台，就是歐美中小學生廣泛學習、使用的系統。Arduino 有簡單易上手的語言介面，語法非常類似人類的自然語言，使用者可以在平台上設計自己的機器人、電動車，或是對各種由簡單到複雜的智能裝置，進行專案管理與規劃。

及早學習系統性工具

未來不會寫程式的人，某種程度上可以算是一種「新文盲」。比起西方國家，台灣到大學才開始學習程式語言，算是起步晚了，但總也比什麼都不做來得好！聽了我的演講，前國立台灣大學校長楊泮池開始推動全校寫程式計畫，但是在文學院、法學院遇上反對聲浪，這些教授反應：「我們的學生就是數理不夠強，才從高中起就選文組，學校現在怎麼能逼著我們學呢？」

認定「文組人不會學寫程式」，我覺得太武斷了：「文學院的學生可以學會英語、德語、法語這麼困難的自然語言，只要把程式語言當成一種新的外國語言，就不會覺得這麼難了！」

人能否有效學習，和教學方式有很大的關係。交大在全校寫程式的推動上，並沒有受到太多阻力，一方面也是交大人文學院中有好幾位教授的學習歷程是「由理工轉文法」，這些跨領域的人才很了解用什麼方法點撥學生，老師們以身作則的帶領，讓交大上下用很開放的心態去學習新的系統工具。

交大人文學院的潛力果然不容小覷，不學則已，一旦投入，即表現出強大的「語言」天分！除了《「CS交傲」通識課程》以外，文學院學生還透過 Arduino 來設計機器人的軟、硬體，做出來的仿生物機器人栩栩如生，也為我們推動工具、推廣資訊教育的課程計畫，打了一劑強心針。交大不只與新竹地區的國中、高中交流，也與台北市政府教育局合作，協助培訓師資，讓國中、國小的孩子們能在學校中練習寫程式。

就像英語一樣，當英文成了國際通用語言，不只學ABC的年齡從高中降到國中、國中降到小學，許多學校開始增加英文能力的畢業門檻。學習程式語言這套系統性工具，只是眾多工具中的一環。

面對世界，大學生需要學習許多必備能力，然而，遠比學習更重要的是

「學習如何學習」。愛因斯坦曾說：「教育最珍貴的東西，就是當一個人把在學校所學全部忘光之後，還剩下的精髓。」指的就是「學習如何學習」。而系統性工具是幫助學生「學習如何學習」的基礎。

學以致用，先知道「用」在哪

有許多社會人士質疑：「生活中會加減乘除就綽綽有餘，何必學微積分呢？」但想要理解自然世界，只會加減乘除是絕對不夠的。我思維學生有這樣的困惑，是不清楚自己學習了這麼多知識，到底能用在哪裡？於是就零碎片段地讀「會考的部分」，而不是有體系地通透這些學科，這時候，老師不如展示這門學問的長遠目標，給學生增添學習的動力。

例如航太系的學生知道自己未來要建造衛星，那物理學、工程數學、光學等知識，就是人造衛星的基本工具，學生也會理解，微積分更是「基本工具的基本工具」，要把握在大學的時光好好學習。

我自己在台大物理系打好了物理學基礎，所以到清大材料所攻讀碩士學位時，對於熱力學如何影響半導體性質，有了更深入的了解；到交大電子所念博士班後，我接觸了摩爾定律（Moore's Law）下的電子學，嘗試在物理學與材料科學的基礎下，把各種半導體元件整合起來，做成一套新的系統。

後來，我借重這些系統性的知識與實務經驗，在美國工業界居然能「心想事成」，電子學的快速發展時勢造英雄，給了我這一輩的科學家很好的舞台，也讓我充滿自信，只要有技術、有規劃、有決心，所有的東西都是做得出來的。

系統性工具為終身學習鋪路

我提倡系統性工具的學習，並不是要把人變成工具，而是訓練人學會工具，而研究型大學的使命，更是要創造出更多被現代人使用的工具。

在課程中，培養學生的邏輯推理、思考力、分析能力等等，都可以幫助學生成為一個獨立的「學習體」，將各種系統性的知識組合起來。即使離開了校園，這些工具都有助於一個人的終身學習。

聯合國教科文組織定義的高等教育目標：「Learn to be. Learn to know. Learn how to learn. Learn how to deal with others.」意味著「學習為人、學習聞道、學習如何學習、學習與人同行致遠」。

交大要成為偉大大學，要給年輕人好的教育。至於什麼是「好的教育」？我心目中好的教育，是讓人——

學而能樂，
學而能問，
學而能論，
學而能創，
學而能群，
學而能行，
學能自尊，
學能自省，
學能自愛，
學能愛人，
學用工具，
終身能學。

3-8 開業典禮，開啟終身學習的旅程

去年初夏，許多人收到來自交通大學的土耳其藍、雪銅印刷的「開業典禮」邀請卡時，第一個反應是：「開業典禮？這是什麼？」

「一般在台灣，大家稱為『畢業典禮』。」我仔細說明交大為「畢業典禮」改名的緣由：「英文原意是Commencement Ceremony，直譯是學位授予日慶祝儀式，不像『畢業』含有結束的意思，反而是要歡慶全新的開始。所以，今年交大把畢業典禮改稱『開業典禮』，來祝福我們畢業生的生涯正要啟航！」

大學的下一階段，有人選擇攻讀碩、博士學位繼續深造，很明確地延續了學習；也有許多人進入職場，而「社會大學」更是一座截然不同的學習大

觀園，隨時有來自四面八方的挑戰，要學習的面向遠比學生時期更多元、廣泛，許多人情世故、應對進退、談判協商的能力更是學校教不來的，隨時得求新求變，讓人生的學習不會因為離開校園而終止。

台積電董事長張忠謀先生收到我面呈交大的邀請卡時，對我微笑且意味深長地說：「『開業』是比『畢業』好，但最正確的意義是『開始』，所以應該稱為『開始』典禮。」他很高興地應允了我們的邀請，在交大首度的「開業典禮」上擔任演講者，分享他至今未曾停歇、終身學習的旅程。

不同人生階段的學習標竿

在張董事長的開業典禮演講（Commencement Speech）中，他提到自己獲得美國麻省理工學院機械工程學的碩士後，於一九五八年進入美國德州儀器公司，在完全不了解的半導體產業工作。

他嘗試著自己讀半導體的專業書籍，但不全懂。當時德州儀器有一位學問很好的資深前輩，每天下班的休閒，就是到酒吧品酒。人在小酌一杯時，心情最為放鬆。張董事長就抓住這機會，在書本和酒吧間向其請教，一點一點累積了半導體的學問。

畢業五年後，張董升任主管，開始需要學習會計、財務、管銷存貨等企業營運的知識。當年還沒有工商管理碩士（MBA）學程，他就透過大量閱讀，從各類書籍，到財經雜誌、《華爾街日報》的報導中，累積管理、營運的相關知識。

這是他的另一個終身學習系統。在甫畢業、初入職場時，學校所教授的知識能用到的大概就僅剩一、二成；到了這個階段，學校所學幾乎完全用不上了。是否建立起終身學習的系統，就變成自我提升的關鍵。

畢業十年後，張董事長已經由基層管理，升任德州儀器的高階經理人，細數他在德儀工作的二十五年，逐步從IC部門總經理、全球半導體集團總經理以及總公司資深副總裁，更在一九八四年轉任美國通用器材公司總裁，在全世界的半導體產業，Morris Chang 這個名字，可以說是無人不知、無人不曉了。

張董成為企業的高階領導者之後，視野和格局自然不一樣，他常需要在各種複雜的情境下，找出企業經營的策略與方向，並且依舊保持大量閱讀、自學的習慣；而閱讀方向也轉為研究企業的策略，以及企業興衰的歷史。伴隨閱讀的是高強度的思考，以及反覆地問問題：「如果我是那間公司的執行長，在同樣的情境下，會做出什麼樣的決定？擬定什麼樣的策略？」透過這個學習、思索、問問題的過程，他再次開啟了第三套終身學習系統。

一九八五年，張董事長受聘為工業技術研究院院長，回到台灣為產業打拚，到了一九八六年，創辦台灣積體電路製造公司。由英語環境切換回需要使用中文的場域，他赫然發現經歷了三十幾年的美國生活，非但極少寫中文，甚至連讀中文書報的機會都很少。對於從小熱愛文學、寫作，甚至曾經以「作家」為職志的他來說，中文不僅成為工作的需要，更是他的熱情所在，於是他決心重拾中文學習：從報紙的社論、雜誌開始，日積月累地大量閱讀。

加強中文的學習，是張忠謀董事長的第四套終身學習系統。幾年後，出版社邀請他出版自傳，他拾起鋼筆伏案寫書。在找資料與動筆的數百個小時後，終於完成《張忠謀自傳》上冊，囊括他三十三歲以前的經歷。

終身學習，永不停歇

張董事長的終身學習系統，主要透過大量的「閱讀」，另外就是「聆聽」，從專家的演講，與有經驗的前輩相互討論、交流，並在思考過程中，有系統、有計畫、有紀律地完整了自我學習。而他學習英、中兩種語言付出的長久努力，更是讓我心有戚戚焉。

我認為，語言越早學習越好，除了小時候耳朵聽力比較敏銳之外，也能更廣泛接觸該語言的思考邏輯、文化意涵。童年時生活在南投竹山鄉下的我，曾與許多日本留民比鄰而居，卻沒有利用機會系統地學習日文，至今令我遺憾。我到美國產業界工作時，很多同仁問我是加州人嗎？我回說二十九歲才來美國，他們很驚訝，直說我這個年紀才來美國，卻聽不出口音，我沒有告訴他們，我是從小看洛杉磯影城出的美國電影才學來一口加州口音。

在交大的開業典禮上，鍾愛莎士比亞的張忠謀董事長引述了《暴風雨》（*The Tempest*）的名言：「過去，只是序幕！」（What's past is prologue!）。「開業典禮」拉開人生的序幕，步出校園之後，屬於年輕人自己終身學習的功課，才正要「開始」。

第4章

飲水思源，同行致遠

4-1 互動式身教，當我們同在一起

我們從事教育工作者，常能多方面與學生互動而影響他們。例如在清大材料、交大電子研究所指導我的陳茂傑老師，就深深影響我的學思歷程。

陳老師做人、做事、做學問都非常實在，也很清楚自己的目的和方向。他不高言濶論，但堅持理念，對核心價值絕不妥協，在學校裡從來是對事不對人。所謂「吾道一以貫之」，陳茂傑老師是當之無愧。

我覺得陳老師示範了一個重要的信念，人不能因為外在環境而改變自己追求的方向，所以在指導學生時，我也一直強調價值取向（value-centered），價值必須要擺在最前面，否則很容易做白工，甚至會有負面影響。

陳茂傑老師當年鼓勵我出國增廣見聞。我在美國工業界與學術界前後工作了三十六年，在不同的場合，要說服來自各國的同仁們和我合作，謹守正確的價值觀，是我做人和做事的唯一準則，即使各國風土民情不同，但普世的價值觀是共事的不二法門。

與良師互動建立人生態度

我在美國曾與幾位諾貝爾獎得主交往或共事，發現他們各自都有極為明確的價值觀。從事任何問題研究前，第一步就是深切考量其對人類知識和文明是否達成非延續性（non-continuous, or in quantum scale）甚或顛覆性（disruptive）的影響和貢獻。

據我的觀察，能成為大師的人，把大部分的時間用來釐清和定義其所鑽研的問題，並且了解自身的能力和興趣之所在，絕不浪費分秒，而是集中精神來攻克所清楚定義的那個問題。

與良師互動培養的人生態度，也是我接任國立交通大學的校長後，想要傳承給台灣的大學生們。

交通大學的「交通」兩字，廣義來說是聯繫、互動，在古希臘文中相對為Koinonia，即Fellowship的意思。英文中的Fellowship，一般人可能以為就只是指「獎學金」，其實是指相互與從的「團契或夥伴關係」——即教授和學生在一起生活和工作以追求彼此共同研究興趣的「夥伴」（Fellow）關係。當學校核准了學生的獎學金申請，學生與老師就是共同研習的一夥了！

這樣說來Fellowship也可譯為中文的「身教」，其實是所有教育的核心精神，教授與學生一起生活、一起做研究，互相討論學術發現，進行思想交辯，彼此才能教學相長。然而台灣的大學環境裡，鮮少有Fellowship的蹤跡。大多數的師生幾乎沒有互動，課堂上單向授課，下課鐘響各作鳥獸散，這是教育上最大的失敗。

將牛津劍橋的書院制度引進交大

除了期待教師的熱忱以外，學校如能打造一個適合師生互動的環境，引導教師的投入與學生的參與，就更有機會建立起 Fellowship 的文化。牛津大學和劍橋大學的「書院」（College）制度，就是一個在課堂外落實這種精神的典範。

在劍橋與牛津，書院和學校是分開運作的組織。學校負責教學，書院則提供生活起居、食宿、典範教育、休閒娛樂、社交聯誼等活動。這也很像著名的奇幻小說《哈利波特》（*Harry Potter*），魔法學校霍格華茲裡有四大學院，分類帽會把不同特質的新生分發到最適合他們的學院中，接下來就以學院為生活圈，展開在魔法世界的冒險。

以劍橋大學為例，每一位學生除了選讀一個學系之外，還會隸屬於一個書院，因此每一個劍橋大學的學生，都有主修和書院的雙重身分與認同，而書院的身分認同甚至比主修來得重要：因為它決定了一個人大學生活的基調，無論是沉浸的文化、相處的同學、參與的活動等等。

書院除了住宿外，還有餐廳、圖書館、教堂、酒吧等交誼設施，學生和教師在書院中生活，就像是一個微型的社會。在書院中，師生的互動是極其重要且講究的，以晚餐為例，大多數的書院會要求師生一起到大廳共進晚餐，分享生活上的點滴，甚至規定用晚餐需要穿學袍。

此外，每一位學生都有一名導師，學生永遠不需擔心找不到人商量重要的事情。在大學的數年時光，導師會全程帶領學生，互動式身教就在日常生活中一點一滴形塑出未來先驅者和領導人的樣貌。

回交大後，我邀集學務處、住服組的教職員，一起討論各種可能的方案，數次會議後，我們決定在交大的學生宿舍，逐步建置起「導師公寓」。

目前交通大學興建中的宿舍，都已在空間設計中加上導師公寓的配置；既有的宿舍也正著手規劃改建，安排數間規格相同的「導師公寓」。導師公寓除了有完整的住家機能，也會布置出溫馨的氛圍，完成建置後，將邀請學校教師、退休教授、傑出校友、社會菁英、賢達來做為期數天、數週、數月、到數學期不等的入住。尤其歡迎受邀的導師帶著家人一起進駐，因為導師公寓本質上就是一個「家」。

轉換思考模式

有了硬體設備後，最艱鉅的任務是從上到下的思考模式轉換。

跟美國的大學生比起來，台灣學生有很多長處，譬如溫和乖巧，短處就是缺乏邏輯思辨的能力。對於一些零碎、片面的資訊尚有極具創意的反應，但是有「見樹不見林」的問題，強記了許多知識，但很少能依循邏輯建構出自己完整的思考系統。

西方教育很注重創意寫作（creative writing），小學生幾乎天天都要做這項功課，還要能向全班同學簡報，老師也花很多時間培訓孩子的表達能力。台灣教育則相對制式化，對小朋友的作文，老師更在意的可能是哪個標點符號沒下好、有沒有錯別字，把枝節看得太重，但寫作訓練最重要的精神，應該是引導孩子把心裡的想法，有組織、有系統地呈現出來。

如果大學生想在特定領域成為佼佼者，就必須能將零碎的知識組織化，自己設計出新的架構，把一套學問的框架搭建起來。台灣教育常見的問題之一，就是給學生許多過於消化的知識，各樣東西都學一點，卻是單點作戰，無法讓片面的知識有機整合。所以走到國際上，與從小接受嚴格邏輯訓練並得到鼓勵勇於表達的歐美學生競爭時，就變得很辛苦，這點更需要從互動式身教著手。

互動式身教從對話開始

坐而言不如起而行，在一個風和日麗的秋日中午，我前往學生餐廳，端著餐盤問幾位在座的同學們說：「我可以坐這裡嗎？」

幾個大男生點點頭，隨即收起目光，繼續埋頭用餐。「嗨，我是校長，」學生們吃東西的動作停了下來，全都訝異地望著我，這樣的反應讓我追問：「你們之前見過我嗎？」

學生對於坐在眼前的「長輩」，反應果然略為生澀、害羞，當然也很有可能學生們只在開學典禮的大禮堂中，遠遠看到校長在講台上的模糊身影，加上台灣的大學校園本來就少有師生互動的 Fellowship 文化。

於是我和學生們邊吃邊聊，由幾個較主動的學生開始，談談他們的生活、對未來的規劃和疑惑，害羞的學生也慢慢加入，原本陌生的氣氛逐漸化開，變得熱絡起來，我們談了一個多小時才互相道別。

除了和大學生的第一線接觸，我也要求各系所定期舉辦教授與博士生們的午餐會，由近期要「開業」的博士生講述他們的研究成果，一方面鍛鍊學生們的演說表達能力，另方面也讓教授們認識彼此的優秀博士學生，以便日後能夠推薦他們擔任大學教職。即使我在交大的嘗試才剛起步，但 Fellowship 文化的起點，就是從這一份關懷上展開。

4-2 產學合一？學用合一？

一般社會或報章雜誌常喜歡提所謂「產學落差」的問題，但對於一所研究型的大學而言，「產學落差」其實並不是它最主要的關心或責任。研究型大學的價值，在於能不能為人類、國家、社會「發明未來」（Invent the future），即創造「學產落差」。如果一所研究型大學的研發不能引領產業，為產業的未來開路，即以「學」領「產」，這所研究型大學辦來何用？而所謂「交通大學培育出的學生必須合於產業界的需要」，並不是去填補產業界現在的需要，而是要當二十年後台灣產業的先驅者。

社會上對此說自然不乏質疑，認為今天填飽肚子都來不及了，還去想二十年後的事情，簡直是好高騖遠。這時我會想要談談新竹科學園區內，一座偌大的建築物，從空中鳥瞰像是一大一小兩個甜甜圈，它是「國家同步輻射研究中心」，一個國際級的實驗室。當年因為太過前瞻飽受質疑，在我的老師或太老師輩們建議爭取下，於二十多年前興建起來。昨日的研究成果，到今天已經形成許多產業的核心技術。

想有新產業，先厚植研究能量

同步加速器光源是什麼？它是超短波的 X 光源，因此它的影像解析度優於一般 X 光數千倍以上，可以用來檢測物質的內部結構，並同步建立三維的立體影像。假如沒有同步輻射這麼高頻的強大光源，科學家對於新材料的原子結構無法解析，無從了解，更無法量產製造，所以同步輻射是二十世紀以來，科技研發最重要的工具之一。

現在，同步輻射已廣泛應用在材料、生物、醫藥、物理、化學、化工、地質、考古、環保、能源、電子、微機械、奈米元件等基礎與應用科學研究。許多過往不能解的物質奧祕，現在幾乎都可以藉由同步輻射找出解答。

鮭魚、候鳥、蜜蜂這些動物為什麼不需要ＧＰＳ導航，就可以回到幾千公里外的出生地或數公里外的巢穴？現在知道它們體內有磁性奈米粒子，可做為導航的羅盤。蜘蛛絲為什麼扯不斷？現在知道絲中含有蛋白質 beta 奈米晶粒，所以強度比鋼絲還強。仿生這類結構，人造蜘蛛絲可以製造高強度的防彈背心、手術縫合線與航空工業材料，所以想和電影《蜘蛛人》的主角一樣，從手中射出絲線飛簷走壁，有朝一日可能成為事實。

在同步輻射的光束下，研究人員也發現蝴蝶翅膀有鱗片結構，就是他們看起來五彩繽紛的祕密，而蝴蝶翅膀的結構原理，可以運用在光纖通訊上，讓訊息傳遞更有效率。這些在現代「科學神燈」下現形的自然界奧祕，在一九八〇年代的台灣根本無法想像，以當時的環境，居然能興建如此大規模的實驗室，不僅倡議者需要極大的魄力與說服力，也要集結大批研究人才共同努力。

我的老師台大物理系教授鄭伯昆，就是當初共同負責起草「興建同步輻射中心建議書」的主角之一。

自造台灣的科學時代

鄭伯昆老師回憶，當年大家都認為台灣沒辦法自己打造同步輻射加速器，一定要由外國專家領導，「但是找了很多人，都沒有人願意回台，於是我們就自己來做了。」當時許多年輕的物理學家，也把他們的青春奉獻在同步輻射計畫上，主要由前中研院院長李遠哲、高能物理學家浦大邦帶領他們，共同完成這個艱鉅的任務。

在陳健邦先生一篇談到台灣一九八〇年代的文章中，描述了這段鮮為人知的歷史。一九八三年，在美國加州大學任教的浦大邦、李遠哲，為了在台灣建造同步輻射加速器，尋找專業領域的有力人士向政府高層進言。除了邀請美國物理學家克拉澤曼（Bernd Crasemann）一同力挺，浦大邦更是大力請命，透過他的父執輩、時任總統府祕書長的馬紀壯，邀請了高能物理學大師袁家騮，以及吳健雄夫婦回到台灣，先後見了總統蔣經國、行政院長孫運璿，對他們進行遊說。

由於同步輻射計畫所需經費太龐大，蔣經國聽完簡報，還要袁家騮、吳健雄夫婦「再去向孫運璿院長報告」。

在向孫運璿院長簡報時，出身政治世家的浦大邦居然能因勢利導，讓孫運璿說出：「既然總統已經同意，那我們就照辦吧。」給同步輻射計畫的啟動重要的臨門一腳。

成功說服孫運璿，浦大邦離開行政院時，神采飛揚地說：「以後這就是歷史了！」但令人唏噓的是，他竟然來不及看到同步輻射中心落成，一九八四年在工作時，忽然心臟病發去世。到了一九九四年春天，同步輻射中心落成，多年來經歷幾次設備更新與擴建，至今有超過一萬兩千人次使用，已經發展成台灣少數的世界級實驗室。

目前世界供實驗用的同步加速器光源設施超過七十座，能夠自行建造同步加速器光源，已成為各國高科技能力的指標之一。

「學」實做態度，最有「用」

社會上經常在爭論，為什麼大學不與產業結合？為什麼大學傳授的知識，和職場與生活所需差異這麼多？

我認為，在大學奠定基礎知識是必備的，但學術和產業必須有落差，那就是「學」應該走在「產」之前，而比起去學各種枝節的技巧，我認為年輕人在大學中養成「求實學，務實業」的實做、實幹精神，對人生最有「大用」。

假如一個人要做研究，只知道按照別人的方法，用別人做出的工具和儀器，拿到樣品後，取幾組數據去分析，這種拾人牙慧的方式，絕對不如自己另闢蹊徑深刻。尤其在科學領域，如果想實踐一種新的研究方法，當然就要對應製作一套新的實驗系統。研究者必須自己去創新、設計、實做，如同鄭伯昆老師耳提面命的：「自己動手做！」

李遠哲獲得諾貝爾獎之前，鄭伯昆老師常去加州柏克萊大學的實驗室找他討論、進行學術交流。李遠哲的實驗室中，每一張實驗流程圖都是他自己劃的，鄭伯昆老師便「預言」說：「這個人（李遠哲）以後會得諾貝爾獎。」

綠意盎然的台大校總區內，在台大物理研究所一樓，有一面「浦大邦紀念講堂」的告示牌，許多國家未來的主人翁騎著腳踏車來往。今天的大學生可能不知道這座講堂的命名由來，那是一群很有遠見的科學家，極盡所能向執政者請命，為未來世代奠定重要科學研究的基礎。我也自我勉勵，身為一名教育工作者，我要向老師與太老師們看齊，為未來的領導者與先驅者，以及二十年後的科技與產業作好準備。

4-3 大學分類，重現各校系特色

在每年十一月中旬，教育部都會核定明年各大專院校招生名額，為了避免「流浪博士」現象惡化，教育部近三年以超過五％的降福，減少各大學博士班的招生名額。例如二〇一八年全台灣五十九間大學，共開出九百多個博士班，招生人數上限是四千二百四十二人，比上一學年減少了二百五十一人，而申請結果揭曉後，共有三十四個博士班無人錄取，七十三班各只招收到一名學生。

媒體報導這是台灣博士班「生死存亡」的關頭，矛盾的是，媒體也要求政府想辦法解決「流浪博士」的問題，認為博士生太多，也質疑現行教育體制培養出的博士品質堪慮，對於產業界幫助有限。

教育部的立場是，博士班撐不下去就退場；但大學教授也有話要說，當博士生越來越少，許多實驗室仰賴碩士生維持運作，但是碩士修業期間平均兩年，許多研究需要四到五年的時間長期執行，青黃不接之下，研究界恐將面臨「有將無兵」的困境。

我認為，台灣高等教育最大的問題不是生源不足，而是大學的任務太多太亂、使命不分、任務不明，所有大學一窩蜂去提高符合現行政策的特定指標，彼此的差異越來越小，集體平頭的結果，最後只能在教育和科技部計畫底下吃大鍋飯。

任務不清，奢望大學樣樣全能

過去教育部推行「邁向頂尖大學計畫」時，連技職大學也卯起來鼓勵發表研究論文，要求每一位教授都要做研究。到後來，教授們光顧著爭取研究計畫與經費，教學上敷衍了事。接下來，沒有申請到頂大計畫的大學跳腳，認為五年五百億被特定學校整碗捧去，教育部又改為提倡產學合一，恨不得每一所大學都成為技職大學去彌補現存的「產學落差」。

現在政府改推「高教深耕計畫」，重視教學更勝研究，高教經費雖有增加，但以學生數為基礎雨露均霑。頂大時台灣各校都要做研究型大學，現風向一變，又改成教學型大學，而且為了照顧在地居民，還要執行社區營造與地方連結，所有的大學都被拉進同樣的任務中。

台灣的高教資源有限，教育部不妨效法加州大學系統，先對大專院校進行任務分類（而不分級，甚至學生可以互轉），把研究、技術、教學、在地連結等任務釐清，如此一來，自然可做常態預算分配，不需以短期計畫訂定，大家就不會在同一個鍋子裡搶食，學校也能往各自專精的領域發展。

效仿加州大學系統，劃分使命

三千九百萬人口的加州，將公立大學系統分為「加州大學系統」（UC System）、「州立大學系統」（CSU或Cal State System）、「加州技職大學」（Cal Poly）、「社區大學系統」（CCCS）。

依照加州政府的規範，只有「加州大學系統」的十所研究型大學可以成立博士班（PhD programs），研究資源集中的結果，讓這十所研究型大學中的九所都在世界百大行列。「州立大學系統」則以辦教育為目標，不設置研究型博士班（PhD programs），教授也不用發表研究論文，必須專心教學，升等也以教學為唯一指標，這樣的學校大約有二十三所和八個教育中心。「加州技職大學」專攻技術與產學合作，培養為現行產業服務的人才，當然也沒有博士學位。至於「社區大學系統」，則要負責和在地結合，照顧當地公民與進行社區營造。

以加州是世界第七大經濟體，只支持十所研究型大學，人口與經濟規模都比加州小很多的台灣，資源足夠培養幾所？這是很簡單的數學題，對照教育部要求每一所大學「上要爭研究排名，下要與在地結合」，等於是把美國不同類型大學的不同任務合成一個來辦，哪一種模式會比較有效率，自然是不言而喻了。

大學分類牽一髮動全身

台灣「高教深耕計畫」要成功的前提，應是先做好大學的分類，因為對研究型大學而言，從研究中教學才是真正能「發明未來」的教育方法，所以在提研究中心計畫時，就應強調所提出的研究對教學方式有何影響。不同分類的大學都應該提出對應的教學方式，教育部也該有不同的審查標準。

同時，研究型大學不是只教學生「解決問題」，更重要是「定義問題」

和「規範問題」，找出未來產業的發展方向。不同於技職型大學，主要是教學生解決現行生產線上的問題。

大學分類是有效運用教育資源的不二法門。而研究型大學為了延攬到具有國際移動力的教授，必須考量國際薪資行情才能與其他國家競爭。但是台灣在目前公教不分的環境下，教授的薪資與國際市場嚴重脫鉤，變成公務員一般的「均一價」，這在延攬高端人才上，是不可能的任務。

再這樣下去，台灣高等教育就要拉不動了。

長痛不如短痛，危機就是轉機

許多人擔憂，台灣超過半數大學都設有博士班，如果依照加州高等教育機構的分類方法，那不是衝擊很大嗎？

但我想要反問：「一個國家需要這麼多博士嗎？」或者換句話說：「所

有人都適合上研究型大學修習博士嗎？」

固然目前高端人才缺乏，但每個人特質不同，如果某一學生只學「答」不學「問」，以至無法獨立定義問題，即便他考試成績再優異，還是不能從事研究，所以並不是人人都適合修習博士學位。

只學「答」不學「問」的結果，我們培育的工程師們「學問」不到位，台灣產業就只能停留在幫別人解決問題、根據別人的規格來代工。自己不能清楚地定義和規範問題，既不可能創新產品，也不可能引領市場，國家產業的未來也就無法規劃。也不見得是沒有對象可以諮詢，而是在長久僵化的教育下，可能連問題也問不出來，甚至明明看到機會也錯失良機，我認為，這就是台灣當前最大的困境。

要求大學自己分類很困難，學校不容易自己裁撤博士班，應該由教育部為大學分類，至少先將公立大學分類清楚。若未被歸類為研究型大學，裁撤博士學程也是不得已的結果。

大學不僅是學術殿堂，也是產業發動機，政府應該即時讓高等教育回歸市場機制。台灣有太多的公立大學，許多量體也太小。政府要趕快做好合併與分類，並且讓私立大學回歸市場機制。台灣私立大學有強大的動能，如果政府能適當鬆綁，可以讓私校辦得更好。

台灣高教面臨嚴峻的挑戰，已經到不得不轉型的地步，而危機就是轉機，現在正是推動大學分工、分類最好的時刻！

4-4 因特色而偉大，國立大學應「信託化」辦學

在邁向偉大的大學時，ACT（行動力）不可或缺。我對ACT在它表面的意思之下，賦予三層深意，A是主動式教育（Active Education、Active Placement）、C是跨領域研究（Cross-Disciplinary Research），T則是制度面的變革，就是將大學信託辦學（Trustees for Institution），讓高等教育的經營更開放、自由。

成功大學前幾年曾試辦大學信託化或法人化，但因許多教授擔心影響退休福利，導致功虧一簣，也讓不少人質疑，國立大學信託化在台灣真的可行嗎？而「信託化」對台灣大眾而言，是非常陌生的詞彙，究竟大學信託化是

在做什麼？對高等教育制度有什麼影響？

何謂「大學信託化」？如何促進「偉大大學」？

所謂大學法人化或信託化，就是學校與政府是契約關係，雙方根據契約，來協議招生名額與年度預算。而目前台灣的大學事務幾乎全由教育部規範，重大事務都要上簽請示，大學校長們常揶揄，台灣只有一所「教育部大學」。

在「教育部大學」統一的辦學模式和績效指標下，競爭同一筆計畫經費，幾年下來各校的辦學成果自然也大同小異，要發展各自的特色根本是緣木求魚。

我一直強調，研究型大學的使命是要成為「偉大」的學術機構，對人類文明、社會進步以及基礎知識做出貢獻，開創顛覆性的成就。而每所大學「偉大」的地方各有特色，不應該像同一個模子倒出來的。

反觀美國，並沒有一個像台灣教育部的機構來管理大學。美國私立大學自由化更是世界知名的，除了給予一流學者優渥的薪水，提供多元的招生方案與獎學金之外，更鼓勵校內研究團隊研發後創業。台灣的大學都只熱衷於技術轉移，因為可以把技術與未來風險一起轉給他人，自己則收安全穩當的權利金，並避免外界對研究團隊是否有做到利益迴避的質疑。相較之下，美國的大學則鼓勵教授與學生得到授權（license）自己出去開公司，大學也以分到公司股份為要求，來擴充大學財源。

美國大學喜歡將技術轉移給發明人去開創公司，有兩大優點：其一是發明人最懂也最珍惜自己的技術，也最希望和努力使技術成功商業化；其次是有些出資取得技轉的廠商，其實是為了捍衛自家已有產品的地位，反而將好技術鎖在保險箱裡，讓新科技永遠不見天日。

學費調漲？大學信託化的疑慮

美國大學信託化帶來的競爭力、育成的新創事業使得全世界的一流人才都爭相赴美，也讓美國的學術界多元發展，能與產業自然結合。也許唯一的缺點是學費昂貴，以至於大多數沒有獎學金的學子，必須要靠自行貸款或打工來上學，也有許多人選擇服志願役，來換取學費減免。

在台灣，公立大學的學費一年約五萬至六萬，私立大學一年學費約十萬至十二萬，每次提漲學雜費時，社會上就會出現反對的聲音。

雖然主計處在二〇一六年的統計，台灣每個家庭可支配所得平均將近一百萬，但社會財富呈現M型，前二十%的高所得家庭有將近二百萬元的可支配所得，所得最低的二十%家庭只有約三十三萬元。台灣的社會，又沒有美國學生自立求學的習慣和風氣，完全靠家庭和父母供應，只要有一個子弟讀私大，低收入家庭負擔就很沉重。如果將來大學信託或法人化，大學必須提供大量的獎助學金或無息貸款，不讓任何一個學生，因為財務問題而不能完成學業。

借鏡加州大學系統，國立大學信託化

我曾在洛杉磯加州大學（UCLA）任教，加州約有三千九百萬人口，獨立計算是世界第七大經濟體，無論經濟規模和人口數都遠超過台灣。如果連加州的高教系統都得分工分類，台灣能不考慮分嗎？

美國加州大學系統名義上是公立大學，但實務上更貼近「公辦私營」，所謂的私營，由加州政府信託一批校董來經營學校，學校董事會有政府代表、社會公正人士和一位學生實習代表，教職員則只能列席校務會議，以免有「球員兼裁判」的利益衝突。

加州政府以契約規範大學校董會和信託法人，每年政府依據契約提供學校經費，用來支應教授薪水，並約定該校必須招收一定比例的加州高中生。換句話說，學校與政府各司其職，雙方有一定權利義務，並非政府撥了預算，就要去干涉辦學。至於學校和州政府協議以外的事務，例如大學想要如何發展、如何打造自己的辦學特色，都是各個大學可以盡情施展的。

大學信託化後，由校董會訂定學校的各種運作準則，但信託化並不是完全的自由化，兩者不能畫上等號。要調漲學費與學雜費，仍須經學校董事會多數表決，並且和政府協商，獲得同意後才能調漲。

假設學校的經費不夠，又已經克盡募款或增加各種合法收益時，加州政府就必須讓大學學費上漲。如果政府認為學費上漲幅度太高，已經影響到公民權益，政府就必須補貼不足的款項，或讓學校減招本地學生，以招收更多高學費的外國學生，得以繼續經營。

如此一來，招生人數的多寡，或是科系的設立與廢止，加州高教系統都有一定的自主權來決定。在加州，不同類型的大學可自訂不同的收費標準，對公民與非公民差別取價，大學也能在一定範圍內決定招募國際學生的名額。

信託化之後，加州大學系統不但能永續經營，許多校區更把教育辦得有口皆碑——目前，十所加大除去最新的美熹德（Merced）校區，都列名世界百大。

相較之下，台灣的大學完全聽命於教育部，大學所做的重大變革，都得教育部批准。大學一直被同一個教育部監管，不僅很難發展自己的特色，營運上也少了很多彈性。

世界潮流在台灣的挑戰

但我認為現在的狀況比起成大試圖法人化的當年，已經有很大的變化。

當前政府力推軍公教年金改革，減少軍公教退休金的所得替代率，與一般勞工對齊，高教界較之前漸能看到國立大學法人化的許多優點。

教育部也已意識到，台灣教授的薪資早就不比中港澳新加坡，而沙烏地阿拉伯等原油生產國更是砸錢不手軟，台灣國立大學助理教授月薪約六萬元、副教授八萬元、教授十萬元，而澳門教授薪資約是台灣二倍、香港是三倍、新加坡四倍，沙烏地阿拉伯是五倍，美國是四至五倍。

這幾年，許多台灣一流教授被其他國家以倍數薪資挖角，他們的學生子弟兵也常常跟著老師的步伐離去。如果台灣繼續卡死學校給予聘用人才的薪資，還要將教授的退休金減低，只怕台灣的大學未來真的聘不到優秀師資，這是結構性問題，不是扣年輕人「不愛台灣」的大帽子就能開脫的。

二〇一七年七月，教育部頒布「高教深耕計畫」，取代原本的頂大計畫，將提升教學品質、加強國際競爭力、補助研究中心經費都列為計畫重點，大學最高能將二十%計畫經費用來彈性支應教職員薪資，以利學校留才攬才。

我認為除此之外，高教經費應該依照大學的使命，編成常態預算，而不是由短期計畫一年一年地撥款。呼應教育部的新計畫，我也必須再次強調——

國立大學信託化是全世界的趨勢，日本所有國立大學都已法人化，台灣如果想急起直追，可在現有的基礎上試行，例如某一間大學有六成經費來自教育部預算，法人化後仍維持此一補助水平，再逐年進行調整。

教育部的政務官來來去去，執政黨也會因選舉輪替，而教育是百年大計，我們應該將政治對教育的衝擊減到最低。不管哪一方執政，都要讓教育永續發展。

4-5 合作，同行致遠

在美國洛克威爾科學中心高速電子實驗室工作時，有一天在實驗室工作到晚上，旁邊是位獨行俠同事、後來成為聖地牙哥加州大學講座教授的彼得·阿斯貝克。我隨口問他最近實驗還順利嗎？他說雖然很難，但感覺很有前瞻性，問題是他只有一個人單打獨鬥，進度很有限。

當時我執行的研究計畫較為寬裕，因此雇用了兩名實驗技工，我每天最重要的工作之一，就是交代他們執行實驗流程。彼得沒有人手也沒有資源，但他的研究聽起來非常有趣又有挑戰性，於是我建議，兩個人比一個人做事快，等晚上實驗技工下班回家後，我就來幫他做實驗。

彼得很感謝我伸出援手，而我的主管認為只要研究計畫如期執行，參與其他研究是我的自由。經過這次我與彼得兩人的合作，立刻建構了「異質結構雙極性高速電晶體」（HBT）的雛形，彼得大讚我有一雙巧手。從那時候開始，每一件做成的事情都是世界的第一次。

做對一件事的狂喜讓人欲罷不能

當時我埋首研究，沒有抽出太多時間來陪伴家人，內心感到有些歉疚，但看到手中成果一日千里的發展，感覺就像打了嗎啡一樣，整個人都要飛起來了，每天都想要趕快回到實驗室。年輕朋友如果有這樣的感覺，喜愛一件事情到停都停不下來，那就代表你在做一件「對的事」。

當時不僅是我一個人如此，其他研究員也和我一樣欲罷不能。有一位麻省理工學院（MIT）畢業的韓國籍研究員，興趣是吹蘇格蘭風笛，有一天實驗做到半夜兩點，他便即興吹奏一曲。洛克威爾科學中心位於千橡市

（Thousand Oaks）的森林裡，警衛聽到風笛聲，還以為實驗室鬧鬼，急忙報警來抓鬼——每次與老同事談起這則有趣的往事，我們都哈哈大笑。

到了二〇〇〇年，這份研究結果讓我們的研究顧問克勒默（Herbert Kroemer）教授得到諾貝爾物理學獎。而高通公司也在香港和韓國因為使用HBT功率放大器實現了CDMA手機通訊技術，使得2G、3G和4G的通訊技術依次席捲而來了！

在類比型電話的時代，手機別名叫「大哥大」，外觀非常雄壯威武，因為得有很大的電池，才能夠支撐信號發射的功率。當年在香港的飲茶樓，人們會把大哥大排在桌上，旁邊再放個鳥籠子，店家就知道是有錢有閒的大爺來光顧了，顧客們邊喝茶吃點心邊聽鳥鳴，顯得好不愜意。

但到了數位訊號的時代，如果天線發射器還用相同的功率放大器，那電池非得更大不可，根本無法用一隻手拿話筒。高通四處尋找新功放器，打聽到洛克威爾的HBT技術，先下了六個訂單，要求我們在兩個月內，用手工焊接出貨，那時慶幸還好只出貨六個，如果要做六百個，那就不知怎麼辦了。

ＨＢＴ一試成功！高通要我們立刻進行技術轉移，實地建立生產線。然而二〇〇〇年的達康泡沫（Dotcom bubble）造成科技股崩盤，只要和網路技術沾上邊的科技公司都被看衰，甚至於沒有任何一位老美同事願意跟我從事技轉，他們都想安穩地待在洛克威爾科學中心轉換其他研究。但技術要產業化才有收益，於是我帶著幾位台灣同仁，像過河卒仔般挑戰被許多人認為是不可能的任務。

「幫我撐住，我們一定會成功！」

在建立生產線時，我們帶著辛苦研發十年的ＨＢＴ技術去到生產線，卻被生產部門的印度經理徹底否定，老謀深算的他想要獨占ＨＢＴ量產的功績，先來完全否定我們的技術能力，每天罵得台灣團隊士氣低落。

有一天，團隊裡的研究工程師（清華校友何武靜博士）聽到又要和印度經理開會，直說：「不行了，老張，這個技術轉移，你自己去。」

「你這樣講是什麼意思？」

「別人把我們罵得狗血淋頭，你坐在那邊還可以微笑，我們實在搞不懂。」何博士說：「要開會你自己去，我們的人格不能受到誣蔑。」

「人格是人格，事情還是要做。」我對台籍技轉夥伴說，這印度經理其實是針對我而來，他當眾羞辱團隊，目的只是要讓我難堪，拜託大家就左耳進右耳出好了，「他罵的時候我就微笑，我一笑他就更氣，你認為他這樣能夠撐到幾時？」

過了一陣子，果然因為這位印度經理的行為太過頭，也開罪了自己的老闆。有一天我去開會，發現經理已經換了人，這次是交大的校友，後來任宏捷科技的董事長祁幼銘。我一看是交大校友，清交會師，就知道有救了！趕緊告訴祁幼銘說：「湯姆，你幫我撐住，我們一定會成功！」

果然幾個月後，HBT生產線成功量產。如今其他矽晶片早已換過不知道幾個世代了，但HBT作為功率發射元件，幾十年來歷久不衰，現在世界上每年都量產一百億台以上搭載HBT的行動裝置。我的HBT團隊也是洛克威爾科學中心唯一從研發、技術轉移到企業經營全部成功的案例，直到現在還是以Skyworks Solution的名字在美國股票市場大發利市。

在美國生活三十六年，幾乎是薛仁貴征東的兩倍時間，當初我根本無法知道這個「遊學」的路上自己會遇到什麼。這也許就是為什麼我信仰的上帝要我讀台大、清大、交大三所學校，從學生時代起和優秀的台清交同學多多聯結，不只做事能左右逢源，合作起來更可以同行致遠。

一個人走得快，一群人走得遠

對照國際上的偉大大學，都非常重視「學術傳承」。尤其是博士學生，學校和教師會聯合起來，盡全力將他們推薦到最好的學校去。但台灣的大學普遍缺乏「學術傳承」的觀念，不乏老師寧可把聰穎又勤奮的學生留在自己身邊，因此台灣畢業的博士，非常少能在國外的大學任教，這封閉了台灣學術界的國際視野，是很嚴重的致命傷。

現在於交大各學院，開始推動常態性的博士班「午餐論壇」（Lunch Forum），每兩週舉辦一次，邀請將畢業的博、碩士生和學院的教授們分享自己的研究內容與方向，透過常態性的午餐論壇，可使教授和研究生保持交流，讓雙方更熟悉彼此。未來博士班學生畢業時，再由指導教授邀集其他教授，共同推薦博士生到最好的國際學術殿堂任教，延續他們的學術生涯，未來，他們自然會飲水思源。

我所做成影響世界產業與學術界的HBT，是公餘飯後，從在實驗室的私下合作開始，這呼應了我很喜歡的非洲古諺：「If you want to go fast, go alone. If you want to go far, go together.」（要走得快，自己走；要走的遠，結伴一起走！）當大學中的學生與老師，在孕育未來領導者和先驅者的偉大大學中，相互支援，透過緊密的Fellowship，成為事業或生命中共同奮鬥的夥伴，我們同行致遠，走出更長遠寬闊的未來！

第5章

校長給問嗎？——與張懋中校長的Q&A時間

從美國回國以後，許多學術機構或研究單位邀請我去演講，跑遍台灣北中南東，我發現一個有趣的共同現象，那就是——演講完畢後，聽眾很少問問題，不像在美國課堂中，學生們高高舉手、問題前仆後繼。

為什麼台灣學生不發問？可能是我們曲解傳統華人文化中溫良恭儉讓的定義，或是僵化的考試制度讓學生在追求知識時，被框限在狹隘的「學答」範圍內，不敢去質疑現有的框架，也可能是太執著所謂的「正確答案」，認為自己不該拋出未知問題去造成別人的困擾，但如果正確答案已經寫在參考書或習題詳解中，有空自行翻閱即可，又何必當人群中的出頭鳥，來明知故問、「獻醜」呢？

就我的觀察，比起訓練學生快速回答標準答案，問問題的能力在台灣的教育體系中不被鼓勵，也不受重視。

然而談到一個人的學術成就，我們總說這個人的「學問」好，而不是「學答」好。台灣學生「學答」一流，能夠在高中奧林匹亞數學、物理、生物、化學、資訊等競賽奪盃；台灣廠商主打自己是世界級的「問題解決專家」，接國際大廠的訂單做代工，都能正確無誤地解決問題，完成交貨，可見台灣的人才豐沛、技術力足夠，但是為何這麼少頂尖的創造創新呢？

想想 iPhone 問世至今不過十來年，就已經大大改變人類的生活和社交行為。講到創新，從無到有是創造（creation），已經存在但是繼續改進叫創新（innovation）。從無到有、從有到更進化，都是因為有人能問出好問題。因為問了更多更好的問題而改變了產品和市場。如果台灣教育繼續只學答不學問，並只能以回答正確答案沾沾自喜，那就危險了。

所以在這本書問世前，邀請學生們一起來參加「校長給問嗎？」的活動，歡迎大家盡情提出問題，我也努力知無不言、言無不盡，在雙方問答交流的過程中，激盪出求知、求新和求變的火花！

大學習要大哉問

學生一： 在校長就職和執教的過程中，您先在台灣念完學士、碩士、博士，後來到美國產業界與學術界服務了三十六年，您一開始如何詮釋「大學精神」？之後又怎麼思考「大學精神」的意義？

張校長： 大學是一個教育機構，不是單純地做研究。例如物理學巨擘愛因斯坦，他對於教育沒有興趣，於是他在普林斯頓高等研究院關起門來做自己的研究。但大學教授必須傳道、授業、解惑，也必須在研究的過程中，持續問自己和學生關鍵性的問題。

所以研究型的大學應該是什麼？就是將研究的問題和教育相聯結，教授如果本身不做研究，不問值得解決（worthy of solving）的問題，就無法在研究型大學任教。前台灣大學校長傅斯年先生在遴選教授有一套邏輯，就是他從來不聘用哥倫比亞教師學院出身的教授，原因那個年代的哥倫比亞教師學院只做教學訓練、不碰研究領域，所以傅斯年先生主張：「不做研究的人不會問問題，不會問問題的教授不能來台大。」

大學教學和中小學的教學不一樣，所謂的「大學精神」，也是求問的精神，要精進學習就要大哉問。大學的任務就是製造「顛覆」而避免被「顛覆」，如果大學不能培育出領導者，不能精進人類生活的品質，那就沒有意義。

過去，宏碁公司幾乎拿到筆記型電腦的第一名，但在蘋果的 iPad 問世後，筆記型電腦被超越，蘋果持續創造驚奇，消費者的心都被蘋果帶走了，由此可見要當先驅者，要把自己的願景與視野拉高放遠。現在工業界喊缺人才，多是「解決眼前的問題」，但這不是交大教育的主要宗旨，交大主要能「創造未來」，解決眼前問題是做「學答」的任務，不是做「學問」的交大人的主要目標。

交通大學培育出的學生是要能符合工業界的需要，但不是給工業界填補現在的需要，而是要當十年或二十年後業界的先驅者。

學生二：校長，您認為問題有分好壞嗎？好的問題、壞的問題有什麼特徵？

張校長：好問題（及 worth solving problems）是對尋找解決方案有幫助的，壞問題是沒幫助的。

我在美國工作時，有幸和幾位後來獲得諾貝爾獎的大師們共事，依我的觀察，他們從來不浪費一點時間在他們不感興趣的問題上。二〇〇〇年諾貝爾物理學獎得主赫伯特・克勒默（Herbert Kroemer）經過我在洛克威爾科學中心的辦公室時，他總會坐到我旁邊的沙發椅上，問我有什麼研究上的新發現，「What's new?」接下來他傾聽我的敘述，但有時候他會直接喊停，「Stop! I'm not interested in this.」立刻指出這不是他感興趣的問題。

生命很短暫，不要以為人一輩子可以解決很多問題，諾貝爾獎大師的人生只為追尋一個問題的答案而活，他們專注到這種程度所以才有大成，反觀天天只管和小問題大戰一百零八回合是沒有意義的。打車輪戰是蠻力，力竭之後就只能拖刀而走，豈能奢望得勝，有時連撐下去的力氣都沒了。

日本最有名的兩大劍客對決，宮本武藏在巖流島與佐佐木小次郎之戰，兩人都是當代劍道大師，劍技都已臻化境，誰勝誰敗孰難預料，但武藏下功夫問了自己更多的問題。他先去熟悉巖流島的環境、觀察落日的時間，思考在此地揮刀正確嗎？在彼刻踏出腳步是好策略嗎？而他故意比約戰時間遲到許久才現身，讓小次郎心浮氣躁之外，其實是為了等待太陽落入海平面的那一瞬間，利用夕陽餘暉掩映刀光，勝負就在一招間決定。

真正的對決不用一百零八回合，我常常以武藏小次郎對決的故事自勉，期許自己靜下心來，專注去尋找一個對的（worthy of solving）問題和它各個解決面向。

學生三：我在交大讀電機系這幾年，很多同學的目標是拚好成績，然後去新竹科學園區的大公司上班，賺到養家活口的錢。大家對未來的規劃很世俗，和校長的理想有出入，您覺得怎樣的教學，能夠育成未來的領導者？甚至是成為一名夠格的「工具人」？

張校長：我對目前的教學方式當然很不滿意，我們現在還是太偏重學答，導致不能問出好的問題。我們應該去問科技在未來二十、三十、四十年後可能會發展到什麼地步，不是看產業界現在要幹什麼，然後頭痛醫頭、腳痛醫腳。很多工作到未來其實不存在，換言之，很多未來的工作現在還沒創造出來。

自從我來交大之後，除了推動電機系和電子系合併，我希望教學方面更重視「工具」的學習。有學生問，怎麼變成「工具人」？我特別查了Google，有關所謂「工具人」的定義，年輕世代用「工具人」一詞來揶揄「自認在感情關係中付出很多，卻沒有得到等值回報的人」，但人又不是機器，怎麼會變成工具呢？比起所學專長容易被產業界利用，人更應該去學習怎麼使用工具，而且更要能創造工具。人類知道用火是很重要的工具進步，到現代火很方便取得，是人類將用火的工具一代一代傳承改良。在學校學工具尤其重要，我更期待學生們在學習使用工具時更要創造新工具，讓後面的人繼續使用。工具可以是有形或是無形的，它可以是一套演算法，也可以是一個學門的邏輯思維，讓人一輩子都能有方法系統地學習。

我認為，學會寫程式的好處很多，未來的工作與研究無論如何離不開電腦運算，理解電腦的語言，除了可以自行創造許多工具外，也讓學生具備以程式來使用電腦排解疑難的能力。

如同交大，台大也試著將寫程式（coding）列為必修，遇到一些反對的聲音。文學院、法律學院的師生有意見，理由是「我們學院數理不行，校方怎麼能逼著我們學呢？」但學生能不能學會程式語言，其實是教學的問題。交大的做法是把通識課範圍擴大，將寫程式的能力定義到通識中。

除此之外，我也要求各系所精簡本科必修學分，這樣才能把時間還給同學們，去選修其他系所的必修課程，甚至去拿雙或多學位，來培養跨界的思維與能力。目前交大要攻讀多學位的同學有一百多人，我不敢說這個人數如火如荼，但我們已經踏出改變的一步。

另外，我認為學生一定要學什麼是系統，目前的系統相關課程多排在大四，而那時候很多人已經無心上課，都在準備研究所考試或就業，所以我提議把系統相關課程調到大二，讓學生提前學有關信號和系統的知識，以利後續學習和實用。

學生四：只要會加減乘除就能應付生活，為什麼我們還要學微積分？

張校長：許多現代科技是以指數、對數、虛數和微積分作為基礎的，例如基本物理、化學、空氣動力學、天體力學等等。人要學習自然界的語言，更進一步理解和發達我們所處的世界，探究大自然的奧祕，光會加減乘除是不夠的。

發掘自我人生的熱情

學生五：當校長談到研究與大學精神時，都展現出非比尋常的熱情（passion）。但在現實生活中，要找到自己有興趣的事情都不容易了，如何發掘人生的熱情呢？

張校長：從小培養和練習對世界探索的好奇心。好奇心有時像嗎啡一樣，一旦產生好奇心，不繼續探索都不行。

如何區分終身熱情和一時迷戀？如果發現自己對某一件事物的好奇心源源不絕，那很可能就是你人生的熱情所在。有的伴侶交往一開始打得火熱，長久交往後卻無話可說，因為彼此不再好奇對方，覺得將時間花在對方身上沒有意思，於是就相看兩相厭了。

當你發現自己的熱情所在時，you can't stop yourself（你無法對自己喊停）。你會覺得：「如果我不去完成這件事情，我會超痛苦的！」當你找到更深入這個問題的下一步時，感覺就像騰雲駕霧一般（it makes you fly）。你覺得自己在做的事情是對的、非常重要，想停都停不下來，這就是你的真愛、你人生的熱情所在。

學生六：校長提到做自己喜歡的事情，感覺像飛一樣，但是有時候我明明在做自己喜歡的事情，卻覺得諸事不順、非常痛苦，那要怎麼辦？

張校長：做自己喜歡的事情沒遇到困難的話，就意味著你沒有走出舒適圈，沒有絞盡腦汁想辦法（run out of ideas），這件事情其實了無新意——所以追求自己的熱情遇到困難，有卡關的感覺，其實是可喜可賀的。

當困難在眼前，其實只有兩種辦法，一是繞過去，二是攻克它。能成大器的人愈是知道自己的有限，能解決的問題也有限，所以他們選擇繞過某些問題，但專心迎戰不能迴避、最重要的問題。

學生七：在我的大學生活中，大部分的同學都以成績為重，並沒有多談自己人生的熱情，難道「有熱情」是怪咖的特質？

張校長：根據我念台大物理系的經驗，同學中追求自己人生熱情的，都比乖乖念書的成功。

我建議同學不要拿熱情去填補現在已知的東西，把志向放遠，進一步分析自己有興趣的目標，能不能增進人類的知識領域？會不會為社會貢獻更多的價值？

為自己的人生訂定目標是很重要的，人如果沒有目標，會很容易被柴米油鹽醬醋茶給綁住，再強的潛力也施展不開。

學生八：校長的朋友都是怎麼樣的人呢？學生時代做過印象最深刻的一件事是什麼？

張校長：我喜歡選擇值得我學習的人為友。

記得一九七〇年底，當時美日兩國協議，美國準備在一九七二年把琉球群島交予日本，當中包括釣魚台列嶼。雖然美國沒有明文提及釣魚台的法定地位，但是美國駐日大使館表示「釣魚台為琉球群島一部分」，日本也開始驅逐來自台灣的漁民，所以保釣運動風起雲湧。

那時候我與同學們聽到這則新聞，每個人都義憤填膺，覺得該為國家做些什麼。於是我們深夜在物理系館寫了大字報，然後摸黑將大字報帶到文學院頂樓，從屋頂懸掛下來，只要等到白天，就可以從羅斯福路廣場看到「釣魚台是我們的」幾個大字，這項「壯舉」讓我們非常驕傲。

隔天清晨五點，同學們起了個大早去看成果，卻發現大字報全部都被校方清掉了！當年還在戒嚴，政治與社會氛圍都十分壓抑，保釣運動後續的演變，也在台大刻劃出很深的痕跡。

回憶那個和朋友們寫保釣大字報的夜晚，是我們年輕時代一件很浪漫的事情。

學生九：熱情不一定是在課堂上，也很可能是在教室外面，但課業壓力常常讓我們學生沒辦法放膽探索，校長是否覺得現在上課時間太長？

張校長：讓課業占滿學生的時間，就像是學畫時，把所有畫面填滿，完全不留一點空白，這是一名教育者所能做出最糟的事。

在我到任校長後，聽到許多家長口中經常掛著「我們小朋友」如何如何，希望學校方面可以加強管理「小朋友」。每次聽到這類說法，我都會打斷他們：「等一下，交通大學沒有小朋友，這邊都是頂天立地的青年人。」

我很同意現在上課時間太長了，學生既然都是頂天立地的青年人，我們就應該信任學生，多給學生自行規劃時間、追求自己的人生目標。

從校園進入社會

學生十：近年來社會結構的變遷，讓年輕人身處很不利的地位，高學歷高失業率、低所得高工時，以及社會財富分配極度不均，借學貸念書，卻一出社會就背債，能夠無債一身輕的日子遙遙無期。每次遇到這些問題，我就覺得自己是被利用的「工具人」，剛出社會就對社會絕望，這該怎麼辦才好？

張校長：我想反問同學：「為什麼要被人利用？」

如果你的答案是要負擔個人或家庭經濟，不得已非如此不可，那我要提醒同學，你是否一直是在資訊的接收端，接收了各種負面訊息，自己停止去思考和嘗試。別人說行不通，你就覺得行不通，所以到最後變成了「沒有選擇」呢？

我一直希望從教育著手，受到比較好教育的年輕人是訊息的發射機，能夠不斷問問題，並用自己的獨立思考去影響其他人。

我們的所學要被眾人所用，創造出被人利用的價值，其實拿掉對「利用」兩個字的負面偏見，社會上所有人最好都能互相利用，形成一個「有所用」的有機體。也希望同學銘記，社會的進步與改革是靠年輕人去發動的，不是只能接收。

學生十一：校長如何看待現在職場普遍低薪的問題？

張校長：我們現在極需要翻轉教育，將學生帶往十年之後可以生存發展的領域。

台灣的代工產業太成熟了，只能提供解決方案，而世界上其他低工資國家也在競爭這塊餅，他們可能設廠成本更低、能接受更惡劣的勞動條件，我們把最好的人才填進打不贏的戰場中，追根究柢就是以「學答」為傲，反而壓抑了創新。

有的仗可打，有的戰場沒必要浪費資源。如果同學們認為台灣不好發展，可以到國外發展，開闊自己的視野。我是我們同班同學中最後一個出國的，原本想到美國工作兩年就好，想不到一待就待了三十六年。

學生十二：校長在其他場合曾提到「覺得自己欠台灣」，為什麼這麼說？

張校長：回顧當年在台灣，其實生活過得很不錯，也有賺很多錢的機會。在交大念電子工程研究所時，任天堂還沒問世，我與三位低我一屆的博士班同學一起開發了一款遊戲機，製作成本零點七五美金，加上一些包裝行銷後，一個遊戲機可以賺到三點五美金，我們四個學生簡直是財源滾滾！

那時銀行經理一直想說服我們借錢，以擴張事業版圖，他登門提議：「你們是本行的存款大戶，借個兩千萬怎麼樣？」我們回他說：「我們滿手現金！何必借錢？」後來不知被誰向校方參上一本，說張某人等不務正業，在外面開公司賺錢。當時交大工學院院長把我們四個叫去，說給我們兩個選擇，一是好好讀書、把公司關掉，二是退學去闖一番事業。

以前沒有在學校中創業、育成新創公司的觀念，其他三位同學都遞出退學申請書，我權衡了創業與學術之路，認為自己還是最喜歡研究，於是離開公司，專心在交大念完博士班。

後來，我到美國工作的第二天，就被要求寫一個計畫去美國國家科學基金會（NSF）申請經費，我戰戰兢兢用很不流利的英文去寫，幾乎可以說是打鴨子上架。而假日出去採買生活用品時，我還在美國的商店櫥窗裡，看到當年我們開發的遊戲機，真有恍若隔世的感覺！

在美國一待就是三十六年，比我預期得久多了，夜深人靜時，我總是掛念著台灣。有些學生問：「為什麼在台灣很難做任何創新的事業？」我想，要社會大多數人跨越現有的框架，思考更深入、前瞻的問題，是非常困難的。現在的年輕人有很多想法，但不敢表達和執行自己的願景、不敢大力為自己爭取，就變成少數人在控制資源與麥克風。

我希望交大畢業的同學都能成為自由人，精神上是自由的。這個祝福，也獻給台灣所有的年輕人。

期待後起之秀問更多好問題

回答學生問題的過程中，我想起剛剛回到台灣時，台積電與台大科學教育發展中心舉辦了一個高中生營隊競賽，叫做「台積電盃青年尬科學——光之年」。其中有一項比賽是一個隊伍提問題，另一個隊伍給答案，第一名的問題讓我記憶猶新，「如果有兩道不同顏色的光源照在一起，會不會改變彼此的顏色？」

光不只是波，還有粒子的特性，我們生活的純線性空間中，不同色的光不會互相干擾，但是在許多非線性介質中，兩道光的波長或顏色會彼此調變。這個問題問得很好，提問的高中生可能自己都不知道。

最後，我在頒獎致詞時表示，未來應該要改變獎金分配，把最大獎頒給提出好問題的隊伍才對，而不是頒給答問題最好的隊伍！

這也突顯了我們的社會重視「學答」更勝於「學問」，多數華人父母關心小孩的考試成績、在學校有沒有乖乖守秩序。相較之下，猶太民族的父母很少問成績好不好，而是關心小孩在學校有沒有問什麼有趣的問題？有沒有把老師考倒？孩子問了好問題，猶太父母就與有榮焉。

以色列有八百五十萬猶太人口，另有一千五百萬猶太人分散在世界各地，加起來大約是台灣的人口數，占全世界的百分之零點二五。有趣的是，被公認為世界科學最高榮耀的諾貝爾獎，猶太裔就包辦了其中的百分之二十五，難道猶太人真是上帝的選民嗎？其實光從猶太人重視學問的教育模式，就可以發現端倪。

牛頓在蘋果樹下發現了萬有引力，萬有引力是現象論，牛頓問了很好的問題：「蘋果為什麼只會往下掉？」但是重力是什麼？牛頓沒有答案，留待三百年後由愛因斯坦去拆解，好的問題讓一代又一代的人去思考。我鼓勵未來的青年領袖，要有學問就要努力學習問好的問題。所以不要害羞，大膽發問，並小心地求證吧！

國家圖書館出版品預行編目資料

同行致遠 / 張懋中作. -- 初版. -- 臺北市：商周, 城邦文化出版：家庭傳媒城邦分公司發行，2018.4
面； 公分

ISBN 978-986-477-362-6（平裝）

1.張懋中 2.臺灣傳記 3.成功法 4.自我實現

177.2 106021941

同行致遠

作　　者／張懋中
文字整理／陶曉嫚、胡瀞云
責任編輯／程鳳儀

版　　權／林心紅、翁靜如
行銷業務／林秀津、王瑜
總 編 輯／程鳳儀
總 經 理／彭之琬
發 行 人／何飛鵬

法律顧問／元禾法律事務所　王子文律師
出　　版／商周出版
台北市中山區民生東路二段 141 號 4 樓
電話：(02) 2500-7008 傳真：(02) 2500-7759
E-mail：bwp.service@cite.com.tw
Blog：http://bwp25007008.pixnet.net/blog
發　　行／英屬蓋曼群島商家庭傳媒股份有限公司城邦分公司
台北市中山區民生東路二段 141 號 2 樓
書虫客服服務專線：(02)2500-7718・(02)2500-7719
24 小時傳真服務：(02)2500-1990・(02)2500-1991
服務時間：週一至週五 09:30-12:00・13:30-17:00
郵撥帳號：19863813　戶名：書虫股份有限公司
讀者服務信箱 E-mail：service@readingclub.com.tw
歡迎光臨城邦讀書花園　網址：www.cite.com.tw
香港發行所／城邦（香港）出版集團有限公司
香港灣仔駱克道 193 號東超商業中心 1 樓
Email：hkcite@biznetvigator.com
電話：(852)2508-6231　傳真：(852)2578-9337
馬新發行所／城邦 (馬新) 出版集團 【Cite (M) Sdn. Bhd.】
41, Jalan Radin Anum, Bandar Baru Sri Petaling,
57000 Kuala Lumpur, Malaysia
電話：(603)90578822　傳真：(603)90576622
Email：cite@cite.com.my

封面設計／徐璽設計工作室
電腦排版／唯翔工作室
印　　刷／韋懋實業有限公司
總 經 銷／聯合發行股份有限公司　電話：(02)2917-8022　傳真：(02)2911-0053
地址：新北市 231 新店區寶橋路 235 巷 6 弄 6 號 2 樓

■ 2018 年 04 月 24 日初版
■ 2020 年 09 月 23 日初版 4 刷

Printed in Taiwan

城邦讀書花園
www.cite.com.tw

定價／ 350 元

ISBN 978-986-477-362-6